하루꼬의 바나나

하루꼬의 바나나

인쇄 2011년 10월 15일
발행 2011년 10월 20일

지은이 | 김용수
펴낸이 | 임수홍
편집디자인 | 맹신형
발행처 | 도서출판 국보
등록 | 제 324-2006-0023호
주소 | 서울시 강동구 길동 395-3 2층
전화 | 02-476-2757 / 476-7260
전송 | 02-476-2759
이메일 | kbmh11@hanmail.net
홈페이지 | http://cafe.daum.net/lsh19577

값 12,000원
ISBN 978-89-93533-22-4 03800

하루꼬의 바나나

‖ 프롤로그 ‖

참으로 긴 시간이었습니다.

문학의 싹을 심고, 문학에의 열정을 키워 온 지 40년이 넘는 기간 동안 창작하였던 약 1,000여 편의 시를 추려 마침내 조그마한 시집을 내게 되었습니다.

하늘을 흐르는 무심한 구름에도 유심하였고, 활짝 핀 꽃은 꽃대로, 떨어진 낙엽을 밟으며 바스락거리는 소리 하나에도 귀 기울여 그냥 지나치지 않으며 감정을 이입하려 애쓴 지난 세월이었습니다.

제 글 중 〈봄비〉 중에서 "문풍지 발라드는 세우(細雨)는 소리에" 중 "세우(細雨)는" 부분을 "세우(細雨)는"으로 할 것인지, "가는 비"로 할 것인지를 두고 40년 동안 고민하면서 당나라 시인이었던 가도(賈島)의 古事를 여러 번 떠 올렸습니다.

조숙지변수(鳥宿池邊樹) 승고월하문(僧敲月下門) 중 두드릴 고(鼓)를 밀 퇴(推)자로 할 것인지를 두고 깊은 고민에 빠졌던 것처럼 저도 그 한마디 글을 정하지 못하고 40여 년을 두고 한 번은 이렇게, 또 한 번은 저렇게 고치는 참으로 우스꽝스런 고민에 빠지면서 그래도 틈틈이 글을 쓸 수 있다는 행복에 젖어 보기도 하였으며 시상이 떠 올랐으나 끝내 글로 이어지지 않아 鈍才를 탓하는 비탄에 빠지면서도 40년이 넘는 기간 동안 그래도 詩作에 매달려 왔습니다.

그리하여 그동안 만들고 다듬어 온 졸작을 한 권의 책으로 묶어 세상에 내 놓으려 합니다.

스스로 晩時之歎이라고 생각하면서도 제 글을 읽고 평가해 줄 독자 여러분의 질책이 두려워지는 지금입니다.

"아직 부족하다"는 말은 조만간 완성될 수 있다는 뜻을 담고 있기에 제게 있어서 너무 과분한 표현이고, 언제나 學人과 같은 자세로 문학의 길을 가겠습니다.

김용수

평소 절친하게 지내던 김용수 시인의 시작품을 가끔씩 읽어 보고 그의 서정과 사물에 대한 깊은 이해와 성찰에 감탄한 바 있다

약 100여년 전 유럽에서 시작된 다다이즘이 20세기 전반 모든 장르의 예술에 영향을 미치다가 세월이 흐르면서 초현실주의로 발전하였고, 나아가 초현실주의와 추상적 표현주의자들에게 계승되었다가 우리나라에 와서 이상의 오감도가 발표되면서 허무주의에 편승한 난해시가 하나의 사조를 이루었다는 문학사를 배운 기억이 있는데 역사는 반복되고, 역사에 편승한 문학도 반복되는 것인가. 최근 미래파니 하여 허무주의, 퇴폐주의 등이 혼재된 난해시가 다시 하나의 사조를 이룬다는 정도는 알고 있는데 본인은 고등학생들을 가르치는 선생으로서 이러한 난해 문학이 우리 청소년들에게 어떤 나쁜 영향을 미치지나 않을까 걱정한 적이 있다.

요즘 젊은 문인들 사이에서 하나의 사조를 이루는 도무지 이해할 수 없는 난해시는 매일 다니는 길을 무심코 가다 어젯밤 생긴 웅덩이에 빠져 버린 것처럼 문자의 함정에 빠져 헤어나오지 못하다가 마침내 황당하기 조차한데 김용수 시인의 글을 읽노라면 웅덩이에 빠져 고통 속을 헤매는 사람에게 구원의 손길을 베풀어 주는 것 같기도 하고 먼 나라에서 방황하다 마침내 고향으로 돌아 온 것 같은 안노삼이 늘기도 하다.

물론 역사는 개척정신에 의하여 창조하는 사람이 창조하는 것이므로 늘 새로운 것을 창조하려는 개척가 정신이 필요한 것이지만 보편을 익힌 다음 이를 바탕으로 부족한 것을 채우고 전혀 새로운 신세계로 나아가는 것이 진정한 창조 정신일 것이다.

이러한 관점에서 보면 문학의 기본 원칙에 충실한 김용수 시인의 시 작품은 청소년들이 읽어 문학으로서 시의 기본이 무엇인지 익히는데 참으로 도움이 되는 필독서가 아닌가 생각된다.

김용수 시인의 시의 세계는 자연과 조화를 이룬 휴머니즘에 그 근본을 두어 자연을 사랑하고 인간을 사랑하는 서정적인 노래를 하고 있으며, 이러한 아름다운 서정은 이제 새로운 세상으로 나아가는 청소년들의 심성을 가다듬는데 참으로 도움이 된다고 하여 감히 추천을 드리는 바이다.

교장 정 권 규
(경남 김해 가야고등학교)

龍
祝賀。金龍洙詩人
詩集發刊
飛龍見萬
事大吉祥
慧雲

하루꼬의 바나나

제1장

접동새

제 2장

탁발승

제 3장

제 4장

제 5장

기다림

제 6장

보리피리

제 7장

겨울 강

제 8장

샘

제 9장

하루꼬의 바나나

제 1장

하루꼬의 바나나

눈길 사랑

송가

후지산이 보이는 맑은 물가에서 철없이 뛰놀던
셋째 딸 하롱꼬 어머니를 그리워하는 봉숭 생각

하루꼬의 바나나

Ⅰ

50년 전
차라리 겨울이 더 어울리는 늦으막한 가을
염천교에서 서울역으로 가는 길가에 있는
과일행상 좌판 그 위에 수북이 쌓인
잘 익은 국광 사과와 노란 배
추위에 움츠린 미깡 무더기 옆에
다소곳한 바나나 한 손
저 바나나를 사가는 사람은 누구일까
궁금한 하루꼬는
바나나를 바라보며 염천교를 지나
남대문 시장을 간다

Ⅱ

합병이 되면서
일본으로 건너 간 아버지
가나가와껭 맑은 물가에서
방직공장을 한 덕분에

곱게 자란 하루꼬
후지산이 보이는
맑은 물가에서 철없이 뛰 놀던
셋째 딸 하루꼬
바나나가 먹고프면 떼를 썼고
떼를 쓰면 달래기로 얻어먹었던
하루꼬의 바나나?

Ⅲ
대동아 전쟁 말기
열일곱 꿈 많은 소녀 하루꼬는
아버지 손을 잡고 현해탄을 건너면서
춘자가 되었고
부잣집 맏며느리가 되었으나
동란으로 폐허가 된 땅에서
부잣집은 허울 뿐
너나 없는 가난과
가난에 찌든 결혼생활에
고향 가나가와껭은
그리움으로만 있을 뿐
하루꼬 시절이 그리우면
아무도 모르게
서울역 과일장사 바나나에게
고향 소식을 물어 본다
바나나는

가나가와껭 맑은 물에
그 때처럼
싱싱한 잉어가 퍼득이고
고향집 마당에 서 있는
늙은 녹차나무에 낀 파란 이끼는
아직도 싱그럽다고
귓속말을 전해준다

Ⅳ

제사를 모시고
어머니 춘자가
그렇게 좋아하던
잘 익은 바나나 하나를 뚝 따
하얀 속살 입에 넣으며
하루꼬에게
가나가와껭의
소식을 물어 본다

눈깔 사탕

된소리로 가득 찬
한 마장 쯤 고갯길은
스스로도 태산인데
이고든 보퉁이에 한숨불면 가벼우랴
늦여름 햇살 더한 쨍쨍한 신작로
빨간 콧잔등에 송글송글 맺혔다가
떨어지는 땀방울처럼
저 고갯길 떼구르르 넘어가면 좋으련만
목구멍도 넘기지 못하는 꽉 찬 숨으로
어이 넘을까 ... 하여도
올망졸망 아이들 눈에 밟혀
휘우청 재촉하는 고갯길

저문 오두막 사립문에
옹기종기 모여 앉은 아이들이
귀 세우고 숨죽이며 속삭이는 소리

하얀설탕이 성성 박혀 있는
아무도 먹어본 적 없는 눈깔사탕의 맛은 어떨까?

산너머 장에 가신 어머니는
눈깔사탕을 사온다고 했었지

엷은 실핏줄에
더 파리해진 두 볼
헝클어진 머리칼
한 평생 잡아 주던
지아비 손 못내 꼭 잡고
자식 며느리 모두 불러 놓고도
한마디 말 하지 않는
야속한 어머니

합 합
닫히는 입술
한 웅큼으로 말라버린
날 선 어깨 들썩여
찌그러진 가슴에
겨우 한 모금 숨 채우며
마지막 끈을 이어가는
미련은
무엇인가요

먼 길 떠나는
늙은 어미의 마음인가
지아비 홀로 두는
지어미의 슬픔인가
창밖 어두운 하늘에는
당신이 딛고 갈
눈이 내리고 있네요
무겁기만 하던 삶의 무게를 털고
어머니
눈같이 가벼운 마음으로
이제 떠나려요

지나 온 세월이
한 겨울 북풍보다 더 매웠다지만
그 세월 살매
서러움은 서러운 만큼
서러울 것이며
안타까움은 안타까운 만큼
안타까웠어라

늘 희망이었고
비롯하는 환희였던 당신 앞에
무릎 꿇은 우리

떠나보내는 슬픔보다
영광을 회상하면서
기쁜 마음으로
마지막을 지키고 있으니
어머니시여
부디 울지는 마십시오

아직 새벽이 멀지만
밝은 날 떠나는 아픔이 더 크기에
서둘러 떠나려는 당신
오늘만은
정녕 오늘만은
날이 밝을 때 까지
우리
노래를 부르리이다
당신을 위한 노래를

늘 희망이 있고 빛을 발하는 환희였던 당신 앞에
무릎 꿇은 우리 떠나 보내는 슬픔보다
당신의 이야기를 회상하면서 기쁜 마음을
당신을 보내드립니다

불효자 용수 지어 올림
이천십일년 효정 글서

살 내음 그리워
땀방울 옷 다 적시고
숨턱 차올라도
풀뿌리 개울물 소리
한 조각구름까지 정겨워라
머리에 하늘이고
발아래에 세상 둔 채
고이 누운 어머니의 가슴속엔
그 때 당신 나이만큼 늙어버린
이 자식이 애처롭게 들어 있겠지
허물어진 세월 따라
쪼그라든 무덤은
쳐지고 마른 어머니 젖가슴
그대로네

빈 젖을 움켜잡고 젖무덤에 얼굴을 박아
살 내음 맡으며 잠들었던 때처럼
풀 한 움큼 잡고 엎드린 응석에
살 내음 같은 풀 내음이 상큼하여라

얼굴을 간지러는 마른 풀의 살랑임은
어머니 부드런 손길까지 꼭 닮았는데
문득 눈을 들어 하늘을 보니
아-아-
그담새 회초리 같은 햇살은 어디로 가고
어머니 가신 그날처럼
먹구름만 가득하구나

풀 한 움큼
잡고 엎드린
음덕에
살 내음 같은
풀 내음이
상큼하여라
풍우 지어 올림

접동새

제 2장

해뜬 날마다
달뜨는 밤마다
되풀이되던
어떤 사연
몽수생각
국향

접동새

긴 밤이 서러운
여자입니다

꼬박 지샌 아침이 야속한
아직은 여자입니다

하릴없는 시간 길어지는
또 밝은 날이면
달뜬 맘으로
달뜬 밤
기다려 봅니다.
행여 찾아 주실
고운님을 기다려

해지는 날마다
달뜨는 밤마다
되풀이 된 서런 사연
안고
나 접동새 되어 찾아 가려오
기다리다 지쳐버린
빨간 눈으로

제살 녹여
한올 〃 〃
뽑아 만든
비단실 궁전

거미

제 살 녹여
한 올 한 올 뽑아 만든
비단 실 궁전

화려한 분장
어여쁜 몸놀림으로
유혹하는
어릿광대의 줄타기

새색시의 욕망

그대에게
드리오
나의 궁전을

까치가 울던날 아침
眞空作

까치

오늘이여
어제 아니 오늘이여
내일 아닌 오늘이여
오직 오늘만 오늘이어라

까치가 울던 날 아침
나는 오늘 까치가 울었다고 하였고
오늘 아침 까치가 울 때
나는 오늘 까치가 운다고 하였고
내일 아침 까치가 울어도
나는 오늘 까치가 운다고 하겠지

손안의 까치는
언제나 오늘만 운다

2009년 10월

누에

어젯밤
11시 15분

비단이불 속에서
매끄럽게 조여드는
깊은 숨 막힘

밤을 지나는 길목에서
새벽을 거부하다
숨 막혀 죽은

기억되지 않는
삶

1975년 가을

하루살이 1

하루의 축제를 위하여
기다리고 기다린 인내의 날들
알지도 못한 채
생을 버려야 했던 위기의 순간들을 이기고
맞이한 화려한 축제
비상하라
하늘 끝에 동그마니 달려 있는
저 태양까지
축제의 주인은 너
윙윙 위위윙 윙윙
춤을 추라
축제를 즐겨라

하루살이 2

해거름에 축제가 파하고
거미가 시작하는 또 다른 축제
거미는 나무 등걸 마다 처마 구석마다
바람만 걸러 가는 줄을 쳐 놓고
탐욕의 눈초리를 겨눈다
미처 파티를 마치지 못하고
죽음을 기다리는
불쌍한 어인 하루살이들
조그만 몸뚱아리 쪼개져
겨우 남은 반쪽 날개
날개에 붙은 먹다 남은 살점이 아직 실룩인다
하루살이 축제의 주인공에서
거미집 축제의 손님으로 바뀐 운명
그래도 해거름까지 살았으니 천명은 다 한거고
행복하겠지

하루살이 3

여름 내 쌓인 먼지들이
제 무게를 넘보고
파리똥 점점이 붙은
30년은 족히 넘은 싸구려 샨데리아
전등 갓 뚜껑 열고
하루살이의 주검을 치운다
도무지 비집을 틈이 없을 것 같은 갓 속으로
용케도 비집고 들어간 놈들
불을 보고
불같이 달려든
불같은 정열
유토피아라고 여겨지던
샨데리아 불빛이 무덤이었네
본능으로 행한
이 길
참 잔인한 하늘

하루살이 4

하루를 살아도
임과 함께한 세상은 아름다워라
달빛 흐르고 미풍도 잠든
낯익은 시냇가 풀숲에
감추어 둔 영광은 자랑스런 후손
단 하루를 살다가도
물방개가 바라보는 지구와 다르다
아들아
딸들아
짧은 삶을 원망하지 말고
내일을 꿈꾸며
우리의 영광을 노래하라

壽

활 타오를 향한 불같은 정열
이제 달빛 흐르고 미풍도 잠든 시각
풀숲에 감추어 둔 영광이여

김용수 님 글 국정 글씨

탁발승

제3장

탁발승

승우

청룡사

혜운스님 글

동화사

왕오천축국전

青山(청산)

붉어진 얼굴에
송이송이 떨어지는 땀방울
눈은 하늘이어도 발은 자갈길이어라
부어도 부어도 차지 않는
쪼그라진 바랑이 해질녘 찾아가는
탁발승 걸음 따라 대롱인다

한 여름 못지않은 초가을 한 낮 길을
종일토록 걸어 해질녘에 닿았으나
절간은 고사하고 하루 쯤 묵어 갈
맘 편한 집도 보이지 않아
성미 급한 소나기라도 피할 수 있는
산모롱이 당산 아래 정좌하고
땀에 절어 쉬어버린 바랑 밥 한 덩이
꾸역꾸역 목젖 넘기는 성찬이
더할 나위 없는 즐거움이라

쌓은 업(業) 씻기도 힘든 터에
오늘 만행(萬行)중에 마음 없이 입으로만

또 다시 죄를 지었으니
차라리 지옥계(地獄界)에 있었다면
새로운 업(業)을 짓지는 않았겠지
이대로 축생(畜生)의 나락(奈落)으로 떨어질까

사기꾼 돌중에게 억겁(億劫) 불지옥이 당연하매
부르튼 발바닥 내려다 보다
울퉁불퉁한 돌이지만
누워 잠을 청할 수 있다는 것이
차라리 쉼이거나 극락정토(極樂淨土)라고 믿으며
고된 육신 뉘는 나약한 중생이여

초가을 저녁
시원한 바람이
까까머리 지나
무명바지 속까지 훑어 주니
원(願)을 세우기도 전에 찾아 온 피곤에
벌써 처지는 눈꺼풀
석가여래는
보리수 아래서 해탈(解脫)하였지만
탁발승
당산나무 아래에서
무념, 무상에 들며
이 밤
또
해탈하다

몸말을 뒤틀기듯 흔쳐 보는 한올
취한 그한 몸짓인 승무를 그리다

강릉우산 한글에
죽헌 박원제

 (僧舞)

무명(無明)으로 덮은
업의 무게가 그렇게 무거운가
인토(忍土)같이 차가운 법당바닥에 엎드려
온몸으로 흐느끼는
초승달 여인의 가녀린 몸짓

느린 듯 무거운 듯 겨우 일어나
두 발, 무릎 모으고 다소곳이 허리 숙여 합장한 후
하늘을 밟는 듯 가볍게 딛는 버선발 춤사위
속세의 세월이 서러워도 떨치지 못해
훠이훠이 휘둘리는
장삼 끝 모란꽃 두 송이

고깔 속 가는 눈매는
열린 듯 닫혀 있는 빨간 입술과 어울려
싸늘한 듯 정겨운데
합장하여 모은 두 손 가로로 뻗었다가
부처를 우리르는 눈 길 따라
올라가는 두 손이 닿는 곳이 어디일까
숨소리도 잦아든다

핏줄까지 보이는 파리한 손마디를
세월만큼 긴 비단장삼 속에 감추고
물방울 튕기듯 톡 쳐 오는 전율에 취한 모란 꽃잎은
하나하나 흩어져 나비가 되어 날아오르매
가사장삼 흔들며 삼진삼퇴 나비를 쫓아도
잡힐 듯 잡힐 듯 잡히지 않고
나비를 쫓던 여인도
어느 틈에 나비가 되어 나비춤을 추고 있네

나비가 된 고운자태
나비춤을 추다가
장삼 긴 소매 자락이 큰스님의 이마에 닿자
큰스님은 호랑나비가 되었고
장삼 긴 소매 자락이 노보살의 몸에 닿자
노보살은 부전나비가 되어 춤을 추네
법당 안은 온통 꽃을 찾는 나비뿐이네

바라를 두들기는 중노미는 나비에 혼을 뺏겨
대삼소삼 무시하고 제멋대로 쳐대고
바라소리 장단 맞춰 춤을 추던 나비들도 제멋대로인데
장삼 기다란 소매 끝에 세상이 덮여 오고
잦은 발 디딤 큰 발길로 전삼후삼 고조되다
한순간에 딱 멈추어 버린 눈썹같이 가녀린 나비여인
우아하게 날갯짓 하다 제풀에 떨어진 나비처럼
하얀 버선코는 하이얀 고깔에 덮여 보이지 않고
파란 머리위에 송글 맺힌 땀방울이 법당바닥을 적시어도
덜썩이는 어깨를 앙증맞게 움츠리고
가쁜 숨을 가리느라 베져 나오는 단내 나는 숨소리
어느 틈에 법당 안은 한마음으로 합장하며

나무관세음보살

청룡사

단성 청룡사에 가면

지리산 넘가려던
구름 한 조각이
맑고 깨끗한 기운에 끌려
잠시 머물다
끝내 구름이기를 포기하고
도량 한 모퉁이 돌탑으로
슬그머니 자리 잡은
참 조그만 절
청룡사를 가본 적이 있나요

그 절에 가면
맑디맑은 젊은 스님이
끓어오르는 붉은 피
삭이고
또 삭이며
기도하던 눈 살그머니

먼 산을 바라보다
혼자 하는 장탄식
나는 바람이오
너는 구름이어라
우리 모두 구름위에 새겨놓은 바람 같아라
알 듯 말 듯 한 선문(禪問)

기도에 빠져버린
개구장이 천진 스님
동그란 뒤통수에
보든 말든 두 손 모아 합장하고
감로수 한 바가지
벌컥벌컥 마시고 나니
저절로 청정해 지는 마음

청룡사
신선한 도량에 든 때만큼은
부질없는
집착을 끊게 하소서

(단성 청룡사에서)

한마음으로 정진하는 세월이
바람위에 새겨진 구름 같아라
金龍洙 作

세상 밝히려고 이룬 도량 팔봉사

김용순님 시구절에서 [illegible] 가려 씀

혜운스님考

일봉사 혜운스님 고(考)

혜초(慧超)스님이
봉황산 자락 깊숙한
동굴법당에
큰 물고기 놓아 길렀는데
천년 꿈 키우던 물고기가
붕새 되어
비늘날개 달고
하늘 날아
봉황산 제일봉 올랐도다

큰 뜻 품은 붕새가
세상 밝히려고 이룬 도량
일붕사였고
일붕사 터 잡은
큰물고기 혜초스님이
천년을 굽어 지나
붕새 혜운(慧雲)으로 날개를 달았네

봉황산 자락 일붕사에는
혜초의 큰 뜻 이은
붕새 혜운이
오늘도
동굴법당 대웅전 깊숙이 정좌하고
염불삼매 빠져 있네

또 천년을 준비하네

동화사

팔공산 옥푸름은 만년을 이어 왔고
외 올 마사(麻絲)에 실려 이어지는
쇠북 소리 천년일세

해탈교 건너다
바라 본 푸른 계곡
그 푸른 물로도
씻어지지 않는 탐심(貪心)
가부좌 동승(跏趺坐 童僧)가슴에
파고드는 목어(木魚) 소리는
어미의 자장가인가

동화사 천년 화음(畵音)은
찰라여라
영겁이어라

1982. 7. 5. 대구 동화사에서

왕오천축산전

혜초는 부처님의 뜻에 따라 천축국(天竺國)을 다녀 왔고
나는 의상조사의 부름에 천축산(天竺山)을 찾았지만
불령계곡 깊숙한 님의 뜻은 도무지 알 수가 없네
숨어 있는 님을 찾으려고 천굽이를 돌았고
지저귀는 나뭇가지에 귀 기울여 님의 뜻을 읽으려 해도
계곡 찬바람은 대답 대신 얼어붙은 내 얼굴만 때린다.

얼음장을 훑어 온 계곡바람은
그 소리만으로도 휑그런데
아무도 찾지 않는 벼랑 끝에 서서
중국산 더덕, 도라지 몇 개 놓고
국산이라 우기는 야차같은 아낙을 뒤로하고
마지막 굽이 돌아내려 다다른 도량
"공사 중" 팻말에 어울리는 어지러운 도량에
기계톱 소리까지 보태지니
불국토는 고사하고 아수라의 세상이 여긴가 하다

어지러운 공사장을 지나 다다른 용천수
돌샘에 비친 천축산 능선위의 바위는
천 년을 서 있어도 바위임이 분명한데
얍삽한 중놈
부처님의 그림자라고 행락객을 꼬셔대고 있으니
저 중놈 육도의 죄를 짓고 고생깨나 하겠지 하면서도
내 어린 불심은 두 손 모아 합장하며
나무아미타불

중놈의 농까리를 뒤로하고
용천수 한 모금에 입 씻기를 하면서
뒤돌아 눈에 드는 때 묻은 대적광전(大寂光殿)
단청은 벗겨져 흔적마저 희미하고
붉은 기둥 풍우에 삭아 패인 속살이
어두운 천년의 흔적인가
등으로 그 무거운 법당을 받들며
힘겨워 대가리만 겨우 쳐든 돌거북 한 쌍이
사천왕 발밑에서 피 흘리는
어쩌면 내 모습이라
네가 누구냐
왜 여기까지 왔느냐
우물쭈물 하다 눈 마주친
부처님의 쩡쩡한 재촉에
마지못해 게걸음으로 법당안에 들어가

사고 친 개구쟁이 마냥 머리 조아려
일배
일배
또 일배에 겨우 마친 백팔배
용맹으로 마친 백팔배에
얻은 용기로 머리 들어 올려다 보니
천의무봉 금수가사를 입으신 부처님 뒤로
광배 빛을 발하여 어둑한 법당을 환하게 빛내니
대적광전이라는 이름이 허명이 아니었구나
나무비로자나불!!
나무아미타불!!
나무석가모니불!!

입으로만 염불하고 고개를 쳐드니
비로자나 부처님 그새 간데없고
법당에는 12월의 찬바람만 휑하다
천축산 이름부터 다가온 도량인데
산굽이 돌아 찾은 도량에 부처님이 없으니
보고도 본 것이 없고
구해도 얻은 것이 없으니
견성은 고사하고 무명만이 가득하다
법신이 아닌 옷자락의 섬세함만 쳐다보면서
부처님의 발이라도 잡으려는 허망이여
번뇌만이 가득 찬 욕심이여

천리를 한 걸음으로 달려 왔지만
부처님은 간 곳 없고
무거운 걸음을 떼어 탑돌이를 하다가
무심코 바라본 연못 속에
아 부처님의 그림자가 보인다
정녕 부처님의 모습이 보인다
문득 고개들어 천축산 마루를 쳐다보자
홀연한 부처님이 나를 보고 계시네
정녕 부처님이 천축산 마루에 계셨네
정녕 부처님이 우아한 미소로서 나를 보고 계시네
이제사 천축산도 불영계곡도
그 뜻을 알 것 같네

겨우 부처님을 만나고
가벼운 마음으로 돌아가는 길 벼랑 끝에
관세음보살이 삼보를 펼쳐놓고 동천을 쳐다보고 있었고
그 등 뒤 뉘엿거리는 석양이 찬란하다
화들짝 놀란 화상은
혜자승 저기 관세음보살님이 계시오
석자승 저기 부처님이 서 계시오

2008. 12. 12.
天竺山 佛影溪谷 佛影寺에서

靑山(청산)

채웠다가 비우고
비웠다가 채우면서
달려온 50년이 내게는 영겁(永劫)인가
그 세월 반으로 쪼개 한 길로 다듬으면
반은 부처요
반은 보살이라
내 몸을 싸고 있는 온갖 사슬을 풀어
뜰 밖에 던져두고
눈을 열고 마음을 씻어 들어가는 곳이
내원(內院)이고 도솔천(兜率天)이리라
묵직한 사슬을 풀고
오욕(五慾)이 담길 바구니에 법(法)을 채우며
생각에 생각을 더해도
도무지 생각이 없네

뜰 안 가득한 여름은 누구의 것인가
배고픈 참새가
여름 밭에 들러 주린 배를 채울 때

내 것도 아닌 농사를 왜 지키려고 하는가
배고파 찾아온 참새까지 탐하는
내 욕심은 끝이 없는가
지킬 수 있다면 채워질 수도 있을까
주린 배를 채우지 못한 채 쫓기는 새는
그래도 노래하는데
뜨락 가득 여름을 가진 이내 마음은
왜 이리도 무거운가

녹수가 청산에 담겨 흘러도
내 것이 아닌게라
쫓겨 가는 저 새를 부르면
노래를 할 수 있을까
버릴 것 없는 빈 바구니까지 벗어 던지면
노래를 할 수 있을까
시내를 너머
청산으로 올라갈 날을 노래하자
바구니엘랑 여름을 담지 말고,
청량한 바람만 가득 채워
도솔천에 뿌리자꾸나

마침내 저 새는 내 안이오
나는 노래하는 저 새리라

제 4장

코스모스

개나리

꽃밭에서

달맞이꽃

들꽃사랑

풀도

등도호

몰텐

진달래

도라지꽃

해바라기

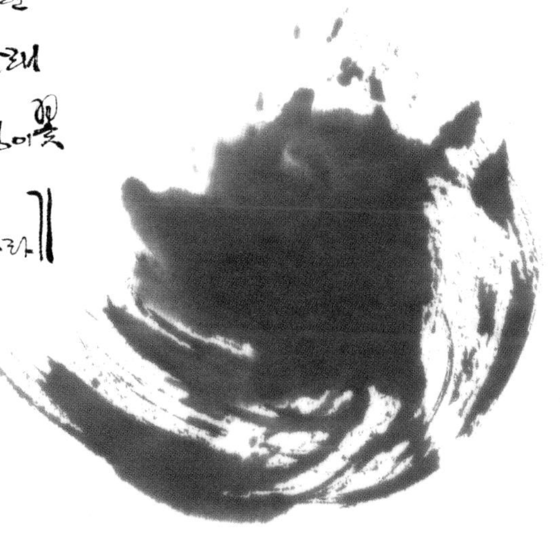

코스모스

하늘이자
바람에 하늘이자
눈부신 파란 하늘이
더 슬픈 날이면
저 너른 들판 한 켠을 지키는
이름 없는 꽃잎이 되어 보자
쉼 없는 바람에
흔들려도 슬퍼도
끝내 보이지 않을 눈물이여
찬 서리 맞으며
흔들려도
그 자리
하얀 꽃잎이어라.

개나리

어린 소나무만 빼곡한
뒷산 마른 땅에
어느 날
조그만 둔덕이
새빨갛게 생겨나고

하얀 손수건
입에 문 젊은 어머니
그 앞에 퍼지고 앉아
한 참을 울고 간 뒤에
노란 개나리 한 송이
얼굴 내 밀어
헤헤 거리고

꼬부랑 지팡이 짚고 올라온
할아버지 할머니
또 한참을 울고 간 후에
노란 개나리 한 송이
얼굴 내밀어

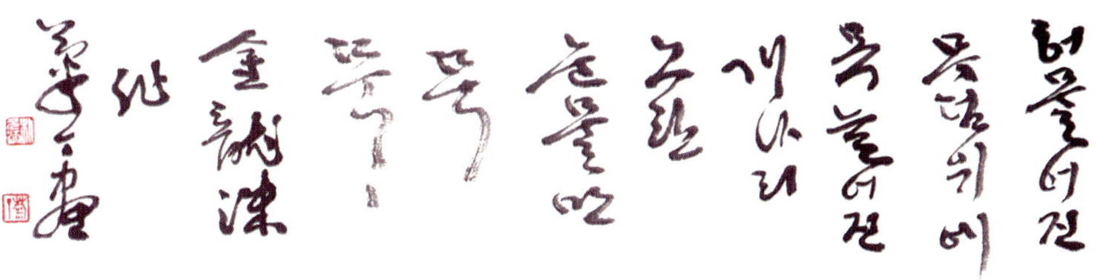

헤헤 거리고

세월지나

통 인적 없는 뒷산

허물어진

조그만 무덤위에

목 늘어진 개나리

노란 눈물만

뚝

뚝

흘리네

꽃밭에서

이루지 못한
꿈은
아픈 사연
가득담은
얼룩진 잎새로도
태어나지 못한다

꽃밭에는
잉태(孕胎)의 영광과
탈태(奪胎)의 함성이
소리없이 들려 온다

꽃을 피우는
본능보다
더 큰 위대함은
기다림이런가

오늘도
꽃밭에선
싹을 틔우지도 못한
꽃씨들이 소리없이
아우성친다

달맞이꽃

달 따러 간다고
가신
님
기다려

밤 세워
저 달만 바라보다
달빛에 세어버린
함초롬한
꽃이여

중천 달 되도록
님 소식 없으니
기다리는 마음 아시는지

나도
달도 예 있는데
님이여
가고 없으니

이 밤
또
기다리는
달맞이 꽃

들꽃 사랑

부대끼며 살아온
지난 세월
사랑 잊고 산지
오래인데
봄 따라 찾아 온
들꽃 피움에
슬그머니 살아나는
설레는 사랑이여

어쩌나
어찌하나
들꽃 피움에
덩달아 피어 난
들꽃 집
아줌마의
사랑이야기

포도

골진 땀 한 방울
가지 끝에 매달고
주루루
턱 끝에 달린
또 한 방울 훔쳐
가지 끝에 매달고
주루루

한 방울 두 방울
모아 만든
포도송이 한 송이

여름 지나는
햇길목 막아서서
부탁하노니
첫사랑 키스같은
달콤함으로
익혀주소서

등도초

땅으로
내려 온 천사가
돌 틈에 숨어
하늘 그리며
키운
꽃

모가지 쑥 뺀
꽃대는
그리움의 길이

비록
땅바닥 기어도
하늘의 고결함 남아 있어
두 다리 모으고
허리 깊숙이 숙여야만
겨우 허락하는

자태 높은
꽃

그래도
붉은 꽃잎은
새악시
입술처럼
뜨거운 향기가
들어 있구나

모필(毛筆)

모필(毛筆)하나 없는 가난한 선비에게
필경은 붓 이었으라
단사표음(簞食瓢飮) 속이라도
목필(木筆) 한 나무 가득 열리었으니
넉넉한 이 마음 저 끝에 찍어
하늘을 적으오
정녕
하늘에 드리오

옥수(玉手)

섬섬옥수(纖纖玉手)
고운 살결위에
굵은 마디
장인의 손끝으로 저며 내는
사랑이야기

설화(雪花)

높은 뜻
다듬고 다듬어
아홉 장 잎 속에 모았으니
극한의 무서리도
내게는 여유라
고이 받아 펼친 넋이여
겨울은 어느 틈에
제 스스로 굴복하였으라

북향화(北向花)

사랑을 기다리며
바라본 북녘하늘
망망의 세월 속에
망망한 하늘
겨울 지나 봄 익어도
님 소식 없으니
애틋한 이 사랑을
누구라 바치리
님 바라는
이 마음

진달래

연분홍 숨은 미소
향담은 볼 우물지고
사르르 눈 녹는 소리에
귀 세우는 저 꽃은
하마나
날 기다리는
님 같은
꽃이 고녀

연분홍 옅은 미소
향 품은 볼 우물지고
사르르 눈 감는 소리에
귀 세우는 저 꽃은
하마나
날 기다리는
너 같은
꽃이 고녀

도니랭이꽃

큰 키 풀밭 속에
꼭꼭 숨어
부끄런 얼굴 감춘 채
하마도 기다리는
첫사랑이여
순결한 꽃이여

저 만큼 임을 보고
가까이
더 가까이 오라고
짧은 목 길게 빼고
수줍은 손짓 한 번 하고서
벌써
콧잔등 빨개져버린

차마 부끄러운
꽃 이야기

해바라기

하염없는
뙤약볕 아래
사랑을 꼭꼭다져
님에게 보인 증표인가
오늘 생긴 또 하나의 생채기

다가갈 수 없는 그리움이기에
바라만 보다 고개 꺾이어져도
허리 부러져 뒹굴지 않는 것도 고마움이라
그대를 보지 못할까

투정도 부리지 못한 채
바라만 보다
어제보다 더 새까맣게 탄 얼굴
떨어뜨려 놓고
꼭 같은 거리에서
꼭 같은 그리움으로
바라보는 해바라기였네

하염없는 뙤약볕 아래 사랑을 꼭꼭 다져

봄비
제 5장

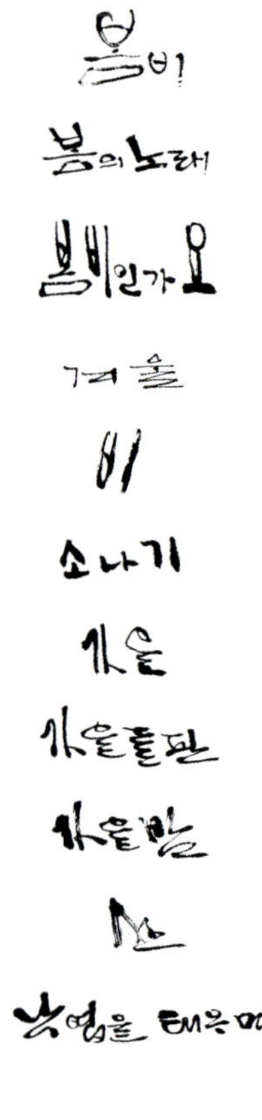
봄비
봄의 노래
봄비인가요
겨울
비
소나기
가을
가을들판
가을밤
산
낙엽을 태우며

문풍지 발라드는 가는비 소리에

바르르 떨고 잦는 九節 빈방 青孀네의

얼룩진 무명베게는 봄비 맞은 자욱인가

가는듯 오는듯 하고 오는 듯 만듯 하니

청상의 수삼년이 모조족하면 은근하리

하늘도 그만 알괘라 한밤 새워 내리고야

문풍지 발라드는 가는 비 소리에
바르르 떨고 잣는 구절(九節) 빈 방 청상(靑孀)네여
얼룩진 무명베게는 봄비 맞은 자욱인가

가는 듯 온 듯하고 오는 듯 만 듯하니
청상의 수 삼년이 오죽하면 은근하리
하늘도 그 맘 알괘라 한 밤 세워 내리고야

봄의 노래

가을걷이한 돈 몇 푼 움켜쥐고
홀연히 떠나 버렸던
긴 겨울동안의 헤메임
어디를 다녔는지
무엇을 했는지
도무지 알 수 없는 시간들
분노와 연민의 시간

문득 바라 본
뜨락 한 켠 조각 볕 속에
살그머니 숨어 들어와
배시시 미소 짓는 님이여
애탬은 그 담새 잊어버리고
따뜻한 가슴에 얼굴을 묻고
겨우내 참았던 노래를 부른다
봄의 노래를

2010년 3월 19일

봄비인가요

창밖은
미쳐 벗어 버리지 못한
회색빛 겨울
그 우울한 풍경위로
참한 비가 내린다
봄비 인가요

마당 한편의 매실나무는
떨어지는 빗방울을 잡아
앙상한 제 가지 끝에 하나 씩 매달아 간다
말라 죽은 가지에 봄눈이 튼다
봄비 인가요

가까이 보려고
더 연 창문으로
살그머니 밀려오는 내음
나는 아직 모르겠는데
봄비 인가요

떨어지는 빗방울 잡아 앙상한 가지 끝에
하나씩 매달아 간다

겨울

짝을 찾지 못해 어둠을 헤매는
발정난 암고양이처럼
앙칼지게 울어대던
서러움 가득 찬 밤
내 품에 안겨 찬이슬만 뚝뚝 흘리는
소박떼기 아낙의

도무지 끝나지 않을 것 같은 푸념
회색 계절의 끝을 찾으려고
사방을 둘러보아도
보이는 것은 발가벗고 떨고 있는
움추린 나무와 마른 풀이파리

그리고
높은 옥타브의 호각을 불어재끼는
고양이 눈깔 같은 찬바람 앞에서
뭘 잘못했는지는 몰라도
벌벌 떨고 있는 내 모습

비야 뿌려라
사랑에 환희를
봉수 글 국선 그림

비

활활 타오르는 가슴을 열고
퍼부어라
억수같이
아물지 않은 서러움위로
흠씬 적셔라
비야

나는 안다
너의 에로스가
뜨거운 사랑에 불을 붙이고
때로는
그 사랑에 찬 물 부어 얼려 버리는
두 얼굴인 것을

지칠 줄 모르는 기다림으로
그러다가 어느 틈에 눈물짓는 여인의
비수로 다가오는
비야
너는 자유를 품은 여신이었구나

비야 뿌려라
사랑의 환희로 몸부림치는
발가벗은
몸뚱이 위로

소나기

차례차례
뭉게구름 다 잡아먹고
이 산 저 골에서
피오르는 안개까지
모두 잡아먹은
욕심쟁이 하늘이
배앓이를 하다가
드디어 설사를 시작하였다

우르르
한바탕 난리를 쳐
제 무게 덜어 낸
쪽 빛 하늘은
물웅덩에 퍼질고 앉아
장난치는
아이 뒤통수에
시치미 뚝 떼고
쨍쨍한
햇실을 쏘아 보낸다

가을

날려 온 코스모스 한 잎에도
빼앗겨 버린 마음
까맣게 그은 볼 사이에서도 빛나는
아낙의 허전한 눈동자
님의 숨결 잊고 산지
오래도 오래인데
헤쳐진 목덜미를 타고 다가오는
영롱한 설레임이여

호미자루 잡은 채
먼 강을 바라보니
강위를 지나는
하늬에 몸짓하는 수양버들이
어쩌면 갈꽃 한 잎에도
흔들리는 맘과 같아
수그린 버들가지 밟으며 나타나실
꿈같은 미련으로

손빗 만들어 쓰다듬는
흐트러진 머리칼

붉은 노을은
강물 따라 흘러가고
노을 떠난 강 언덕에는
아낙의 긴 시름만이
밤을
꼬박 새우네

가을들판

뜨거운 들판에 땀을 심고
쨍쨍한 볕을 덮어
포도송이 익혀 주던
찬란했던 여름은
어느 틈에 힘을 잃고
이제는
미처 챙기지 못한
자투리 볕과
채 익지 않은 포도송이를
들판에 남겨 두고
떠나려 하는가

가을을 챙기던
아내는
떠나는 여름 조각을 잡고
아쉬운 미련으로
노래 부른다

여름아
너는 너 대로 가라
나는 예 있겠노라

가을밤, 산

늦으막한 가을 밤
캄캄한 들판에서 바라본 산은
산도 하늘도 아닌
거저 희뿌연한 선이었다
실루엣이었다

산의 실루엣은
푸른색도 검은 색도 아닌
아련한 색이었다
그것은
빛이었다

저 먼 산에서 비치는 모습이
빛인지
색인지를 확인하는데
많은 시간이 필요한 것은 아니다

보이는 그대로
보이는 것이므로
나는 빛이라고 하였다

낙엽을 태우며

낙엽을 태우며 가을을 태운다
지난 여름 무성했던 나뭇잎처럼
정다웠던 추억과
서글펐던 사랑의 키스도
낙엽에 덮어
멀리
아주 멀리 태워 날린다

돌담길 돌아서는 황혼녘
포탄껍질 굴뚝에서처럼
타는 낙엽 속에서 고향의 냄새가 난다
토장국 내음 배인
퀘퀘한 고향집 사랑방 냄새와 같이
싫지 않은 추억의 냄새가 난다

낙엽을 태운다
탄화(炭化)된 분자 하나하나가
저마다 하나의 잎이 되어주길 바라면서

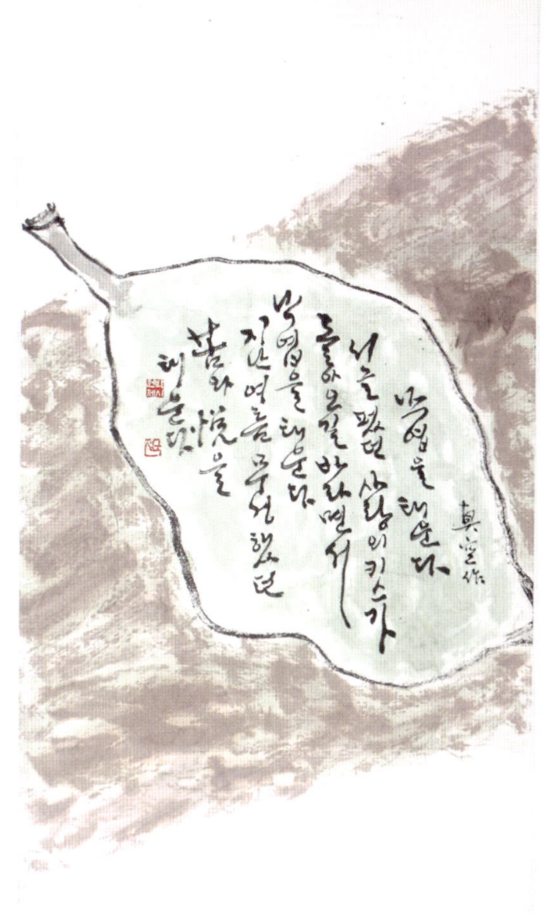

정다웠던 추억(追憶)들이 열매를 달고
서글펐던 사랑의 키스가
돌아오길 바라면서

낙엽을 태운다
지난 여름 무성했던
고(苦)와 열(悅)을 태운다

기다림

제 6장

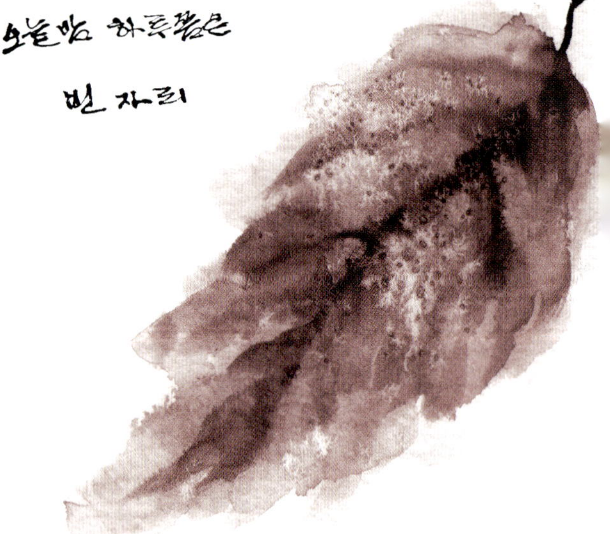

수줍은 꽃 한송이 님인가 꺾어다가
행여 오실 님의 방에 두어야지요
김봉수님 시 기다림 숙정 글씨

기다림

기다려야 한다면
기다리이다
님 오실 때 까지

님 뵈러 가다 아니 되오는 길에
수줍은 꽃 한 송이 님인가 꺾어다가
행여 오실 님의 방에 두어야지요
님 오셔 사랑보다 꽃 곱다하시면
꽃만 두고 살포시 돌아 서리다

기다려야 한다면
기다리이다
님 부를 때까지

사랑

사랑에
사랑을 더 하면
노래가 된다
산골짝
깊은 궁전

달빛 함께 찾아 온
그대여
사랑이여

그리도 반가워
목이 메어
부르는 노래
너와 나
함께 있음에
노래를 부르자

사랑 노래를 부르자

눈물

밤 세워
가는 달도
별 총총 데려 가는데

눈물 두고
떠난 사람
못 잊어
밤 두고 울어야 하나

그대 가려거든
나를 두고 가려거든

이 눈물
설움마저 가져가세요

입술

사랑을
잃어버린
슬픈 여인은
슬픔을 이기려고
밤마다
붉게
더 붉게
입술을 그린다

사랑이
그리운 여인은
밤마다
붉게 더 붉게
입술을 그리지만
붉은 입술에
입맞춤하는 건
사랑하는 연인의
달콤한 입술이 아닌
쓰디쓴
술 잔 뿐이다

사랑이
그리운
슬픈 여인은
하얘진 얼굴을
붉은 입술로 감추고
바람이 차가운
어두운 거리로 나선다

누가 사랑을 줄까

그런님이 있었으면

오늘도
어제처럼
내 그림자를 안고
조용히 흐르는
강물 같은
그런 님이 있었으면

소리 없는 악기처럼
내 마음
비었을 때
낮은 목소리로 다가와
속삭여 힘을 주는
태산 같은
그런 님이 있었으면

달도 없는
캄캄한 밤에
둥근 달빛으로 다가와
앞길을 비춰 주는

등불 같은
그런 님이 있었으면

찬바람 몰아치는
벌판에서 추위에 지쳐
떨고 있을 때
포근히 녹여주는
따뜻한 커피같은
그런 님이 있었으면

나
지금
울고 있진 않을 테지요
님이여
님이시여

장엄하다 해도 모자랄
홀로인 내 그림자

석양

장엄하다해도 모자랄 찬란함에
자꾸만 길어지는 홀로 선 내 그림자
길어지는 그림자도
서산마루 넘간 해 따라
마침내 종적을 감추겠지
아쉬운 미련을 석양도 아는 듯이
고갯마루 걸터앉아 마지막 손짓을 하는데
애처로운 몸짓으로 잡아두려 하여도
결국 떠나 버린 자리에 남겨진 것은
붉게 타는 나의 선혈

내 이름은 허공이어라
눈 둘 데 없어
바라 볼 수 없는 미련에
빨갛게 물든 나의 동공
가슴 깊이 새겨지던 당신의 모습은
지는 노을과 함께 영원한 어둠으로 묻힐 것 같아
떨치지 못할 두려움으로
눈물이 흐릅니다

흐르는 눈물 속에 잠겨버린 눈동자는
초점 없이 흐려지다 온 세상을 덮어 버렸고
그리운 마음 넘쳐 눈물 강이 되었네요

아 아
저 눈물 강에
종이배를 띄우고
태양이 진
저 곳 까지
노 저어 간다면
그대를 만날 수 있을까요
빠지고 허우적이며
쉼 없이 간다면
당신이 있을까요
다가 갈 수 없는 당신이여
당신은
왜 먼 곳에만 있나요

아 아
오늘도 변하지 않은
어제의 오늘이네요

2006년의 세밑

오늘 밤 하루 쯤은

오늘 밤 하루 쯤은
불을 끄지 않은 채 밤 세우며
도란도란 이야기를 나누고 싶다
침대에 마주 누워
손과 손 마주 잡고
발가락 꼼지락 장난치면서
낮에 본 드라마 얘기도 좋고
주정뱅이 옆집 아저씨 안주로 올려 놓고
마음대로 요리하는 꽁트라도 좋고
지난 세월 함께 하면서
보고 들은 이야기를 덤덤하게 나누고 싶다
침대가 아니라도 좋다
거실 쇼파에서 어스름이 기댄 채
살그머니 손을 잡고
아무 말 없이
이 밤 세우고도 싶다

그러다 눈꺼풀 쳐지면
누라 먼저 할 것 없이
눈짓만으로 밖으로 나가
동네 한 바퀴 돌아
불 꺼진 창 바라보며
사랑을 나누는 부부도 상상하고
불 밝은 집 바라보며
무어 할 일이 저렇게 많을까
공연히 시비를 걸며
이 밤 하얗게 지세고 싶지만……

피곤에 지친 당신은
허연 몸뚱이만 옆에 둔 채
마음은 이미
저 먼 나라로 가 있으니
한 참을 멀뚱거려 바라보다
오늘이 아니면 어떠랴
내일 또 있으니
여보, 잘 자
굿나잇 키스

빈 자리

Ⅰ

침대가 커져 버렸네
큰대자로 누워
더렁코 곯아 대는 소리도 없으니
이 밤
이 방의 지배자는 나일진저
기뻐하라 이 해방감을
크진 침대에 몸 부풀려
침대를 점령하다

Ⅱ

밤 깊어
창문 긁는 바람 소리에
잠에서 깨어 보니
당연한 자리에 그대는 없고
휑뎅그레 찬기만 가득하다
나의 베개와 나란히 놓여 있는
그대의 베개 위에
그대 없음은 배신이었고내 배에 가해지던

그대 다리의 중압감이 사라진 허전함은
귀속감의 상실인가
침대 네 모퉁이를 다 차지하고 누워
빈자리 주지 않는 오만불손에
틈자리 찾아 누우며 헤헤 웃던
나의 감성은 무디어졌고
엉덩이 툭툭 치는 가학에도
그것이 사랑이라 생각하는
길들여 진 나의 모습
부정할 이유 없는 애완견의 모습

Ⅲ
그대 늦은 귀가에
과일 한쪽이라도 깎아 두고
자는 척 누워 있는 것은
아내의 도리라고 생각하는
사랑의 굴종
찬기 서린 빈자리를 바라보며
가슴으로 흐르는
기다림이여

Ⅳ

그대의 다리 위에
내 다리를 올리려고 실갱이 하는 응석이
사랑함에 둔 바탕이란 사실을
그대는 아시나요
필요할 때 언제나 함께 하던 당신이기에
그대의 가치를 알지 못하였고
그대 철없는 요구에
짐덩이로만 여겨지던 당신

Ⅴ

손에 잡히지 않는
숨소리조차 느낄 수 없는
오늘
그대를 기다립니다
오지 않을 것을 알면서도
기다려지는 그대
손 벋으면 언제나 그 자리에 있다는 사실이
그대의 무게를 줄였습니다
그 때는 몰랐지요

Ⅵ

그대를 기다려 봅니다

하마나 기다리다 지칠 무렵
따르릉 울리는 전화
그것이 다른 사람의 전화였을 때
공연히 치밀어 오르는 부화의 양
그러다 그대의 전화를 받았을 때
찢어진 천막 안으로 들어오는
먼지 묻은 한 줄기 빛처럼
기다리고 기다리던 당신과의 교접
그대였나요

Ⅶ

그대 자리에
덩그레 빈 베개하나
보듬어 눈물 찍는
그대의 향기
슬그머니 지나가 버린
달그림자
창문을 열어 보니
달은
아직 중천이라

보리피리

제 7장

보리피리 1

하운 선생이
남기고 간 보리피리 찾으러

한 많은 인간사
물건너 불빛처럼 꺼져 가는데

보리피리
보리밭은 흔적도 없고

베짱이 슬픈 노래만
빈 바다에 메아리 된다

(1981. 6. 26.작)

보리피리 2

백년 다리
건너
보리피리 찾아 온
인환(忍患)의 땅
솔내 담은 바닷바람
상큼한 중앙공원에는
발가락 흔적도 없어진 뭉툭해진 발로
서 있는 것조차 힘든
임을 위하여
편히 쉬며 읊으시라
뉘어 있는
보리피리 시비(詩碑)에
한하운이란 이름보다
보리피리 제목 보다
더 큰 글자로 우뚝 새겨져 있는
시인(詩人)이란 두 글자

아 임의 시비앞에서
잃어버린 사랑을 기려본다

가물한 첫사랑의 기억처럼
보리피리 소리 어디로 가고
베짱이 슬픈 노래소리만
나그네 무거운 발 길
묶어 놓는다

(2010. 6. 작)

박제

드라이플라워

드라이플라워가 된
한 다발 장미가
만지면 부스러질 것 같은
늙은이 모습으로
거실 한 쪽을 지키고 있다
장미는 표정없이
먼지를 쓰고 있고
장미를 바라보는
손님도
심지어 주인도
장미가 있는지 조차 모르는 표정이다

독수리
창자와 골수까지
파내어 져
가죽과 털만 남은

속빈 독수리
넓은 날개를 펴고
창밖 푸른 들을
응시하지만
눈에서 나오는 광채는
빛을 잃었다
푸른 꿈을 접고 있음이 분명하다

영웅
신이었던 영웅이
박제가 되어 누워있다
인민들은 전시된 영웅 앞을 지나며
박제된 경의를 표한다
박제된 영웅에게
박제된 경의를 표하는
인민들은
행복한 표정이다

정말
정말

분수 I

뽀얀 안개를 뚫고
뛰쳐나온 물줄기
하늘을 올라가다
철썩 소리 내며
그 자리에 떨어져도
분수는 꼭 그 자리에서
솟음을 계속한다

분수 Ⅱ
분수를 바라보는 아이는
떨어지는 물줄기는 보지 않고
올라가는 물줄기만 바라보며 환호한다
아이를 데리고 온 할아버지는
떨어지는 물줄기만 바라보다
철썩하는 소리에 자지러진다

분수 2

분수를 바라보는 아이는
떨어지는 물줄기는 보지 않고
올라가는 물줄기만 바라보며 환호한다
아이를 데리고 온 할아버지는
떨어지는 물줄기만 바라보다
철썩하는 소리에 자지러진다

분수 3

아이와 할아버지가
물러간 자리에
모여든 어른들
제사장같이 엄숙한 얼굴에서
웃음을 찾을 수는 없지만
손에 손에는 축제를 담을
술잔을 들고 있다
사라졌던 아이들도 몰려와
떨어지는 물방울을 담으려 한다

분수 4

멀찍한 곳에 있던 그녀는
아이와 나를 번갈아 바라보며
물줄기 보다 더 둔탁한 소리로 채근한다
입가의 거품으로 보아 그녀는
벌써 축배를 든 모양이다
축제를 즐기는 아내는
아이들 보다 더 들뜬 목소리로 고함을 지른다
아내의 고함소리와
아이들 자지러지는 소리
우리의 축배 소리는
떨어지는 물방울 소리에 묻혀
도시의 소음으로 퍼져 나간다
축배를 들자
축배를 들자
도시의 축배를 들자

빗 장

" 들어 오지 마시오 "
빗장이 버티고 선
가물거리는 초가

그 속에 사는
삼대 거지의 어둠을 빠는
낯 선 시간에도
꼭히
뒤통수 부스럼만이 아닌
감춰 두어야 할
귀중한 물건이 있다

74. 5. 19.

빗장이
벌리고 선
가물거리는
초가
龍洙作

想 60

구름 저 끝에
하얀 집이 하나 있다
나는 문 열고 들어 간다

想 65

해가 질 때에야
해를 보는 창 밑에서
아이들이 놀고 있다
심어만 놓고 돌보지 않은 나무들처럼
핏기 없는 아이들이 웃고 있다
왜 웃느냐?
웃음도
존재의 이유가 있다는 이유만으로
웃는다

想 70

제 발목 만큼이나 굵은 쇠줄로 목이 메인
강아지가 서럽게 울고 있다
모양 좋게 짖어 댈 힘도 없다
벌써 며칠 째 단식을 강요당했으니
당연하겠지
울어라
울음도 존재의 이유가 있으니
실컷 울어보아라
나도 운다

想 75

구름이 없어졌다
구름 뒤 파란 하늘도
그예 없어졌다
구름이 있던 자리에
까만 집이 하나 있다
본능으로 문을 열고 들어 간다

想 80

해가 질 때에야
해를 보는 창도
닫아 버렸다

해지면 달 떠얄텐데 … …

1981. 1. 18.

웅덩이

하늘도
구름도
산도
바람도
그 뜻 장대하여
가늠조차 어려운데
왜
조그만 웅덩이에 들앉아 있느냐

하찮고 더러운 웅덩이 업신 여겨도
웅덩이는
바람과
산과
구름과
하늘을
넉넉히 받아 주고 있다

세상을 담고 있다

웅덩이가
내 생을
밟고
있다

이 몸

처음은
그저 그런 것이었소
그런 것 이상은
아무 것도 아니오

좀 있다 보니
뭔가 알 것도 같소
알 것 같은 이상은
아무 것도 아니오

조금 더 있다 보니
안다는 것에 의문이 생기오
의문이 있는걸 알고 있다는 이상은
아무 것도 아니오

지금은
아무것도 알 수 없다는 것 밖에
아는 것이 없소
내가
알고
있는 건
..
아무 것도 아니오

축제

뜨거운 피 쏟으며
설워 우는 태양이여
네 피에 겨워 녹아버린 페이브먼트 위로
빅제가 되는 횡사한 개구리 한 마리

눈물 마른 잎사귀 하나가
저리로 저리로 헤쳐 올라가도
지쳐버린 하늘이여
아직 날은 일렀으니
바람의 조화였노라

울다 지친 태양은
제 풀에 쓰러지고
공허한 들판 가운데 버티고 선
당산 나무 가지 끝에서
어디론가 날고 싶은
오색실이
바람에 매달려
춤을 춘다

흔들리는 세상

흔들리는 세상
두 다리 굳건하게 디디고
중심을 잡아도
가야할 길은
겹쳐지고 끊어 져 보이지 않고
뒤 돌아 본 흔적은
왜곡되고 일그러진 삶의
또 다른 얼굴
금지된 꿈과
추락하는 사랑과
단 하나의 예외를 생각하며
흔들려도 뒤는 돌아보지 마라

하얀 도화지 위에 그려진 순응(順應)과
구겨진 도화지 속의 반응(反應)
세상은 반듯한 선을 그리라고 하지만
나는 검댕을 잔뜩 묻힌 붓을
아무렇게나 휘저어며 분탕질하고 있다

흔들리는 세상을 바라보며
망할 놈의 세상이 흔들리는 줄 알았는데
세상을 흔들고 있는 것은 바로 나였네

경로당

제 8장

경호강

근원(根源)도 모르는 물이
천년을 지나 지금을 흐르니
저 강에 들면
나도 천년이 될까.

숨 가쁘게 날아온 구름이
지리산 마루에 걸터앉아
하릴없는 시간 보낼 때
천년을 달려온 갈길 먼 강물도
절벽을 핑계 삼아 숨 돌리는
여유는 어디서 온 것일까
또 천년을 달려갈까

지리산 돌개바람
구름에게 바쁜 길 재촉하자
계면쩍은 강도 슬그머니 일어나
먼 길 떠날 채비를 시작한다
강은 천개의 눈으로
천개의 모난 자갈을 찾아

천개의 손으로 다듬어 간다
돌도르르 돌도르르

숨 가쁘게 들려오는 자갈 다듬는 소리는
술 취한 탁발승의 무늬 없는 노래처럼
물 따라 흘러가도
미련을 버리지 못한 나는
강 언덕 잡고 못다 한 노래를 한다

모래로 남고 싶어라
티끌로라도 남고 싶어라

2008년 여름

권태

아침에 눈이 왔다
오후에 비가 왔다
밤에는 밤이 왔다

아침에
남자가 눈을 밟으며 집을 나섰다
그 얼굴에 표정이 없다

오후에
여자가 비를 맞으며 집을 나섰다
그 얼굴에 표정이 없다

밤에는
남자가 밤길을 넘어 지면서 집으로 왔다
여자도 밤길을 넘어지면서 집으로 왔다

겨울 밤
둘이는 밤이 새도록 싸움을 했다

우전 한 잎

우전(雨前) 한 잎
숙우에 넣고
경호강 단물 부어
벗이여 손을 잡고
눈 맞춤을 하는 새에
그윽한 다향(茶香) 번져나니

벗님의 향기인가
찻닢의 향기인가

벗님의
향기
인가
찻물의
향기
인가
김용수님 작

茶 香(다 향)

경호강 넘어 오는
강바람이 이만 하리
집현산 고갯턱의
솔향인들 이만하리
연초록 다향(茶香)이 입안에 가득하니
그칠 줄 모르던 심사도
마침내 속(俗)을 벗어 던졌네

형도강 넘어오는
강바람이 이만하리
점혈산 고갯너머와
솔향인들 이만하리
연초록 茶香이 입안에 가득하니
그칠줄 모르는 심사
俗을 벗어던졌네

길윤우작 다랑

청산신곡

눈 비 바람 흔들어도
뜻 세운 靑山이라
하늘 향한 한 마음 굴린 세월 어이 헬까
忍從의 美德 배우며 기다림에 산 나날

쳐다보니 하늘 그 빛 눈감으니 바닷소리
소리 빛 그리고 그려 멀어져간 사랑아
벗 없어 입 닫고 사니 世上 잃은 나도 靑山

靑山에 구름일고 구름 위에 靑山 솟고
나는 靑山에서 피리부는 布衣인데
언젤까 鶴이 날 안고 잠을 깨워 줄 날은

등대

밤바다에
비 오는 소리만 거칠다
파도라도 있으면
눅눅한 마음을 씻어 주련만
초라한 시골집 처마 밑에
어스름이 기대어
바다를 읽는다

어두운
바다에 내리는 비는
새가 되고
별이 되고
가난한 연인들의
빈 가슴에
시가 된다

사랑 찾던
저만큼 외로운 등대는
길 잃은 연인들에게
바다의 시를 들려준다
바다의 시는
바다의 노래가 되어
비오는 밤마다
사랑을 만든다

외로운 등대
길 잃은
연인들에게
시를 들려준다

강용수 시

夢遊(몽유)

철자법을
겨우 익힌
낡은 일기장 속에
탈색된 외투를 입은
달이
빛없이
숨어 있고

나는
인적 없는
우물가에
쪼그리고 앉아
서산이 잡아먹는
별의
숫자를
헤고 있다

夢遊

불모산

한 50년을 살아버린
경솔한 내 인생이 향하는
불모산 까마득한 고갯길
우연함으로 다가오는 갈랫길에서
가야할 길은 보이지 않고
느낌 좋은 길 선택하여 벼랑이어도
인생이란 그런 거야
헉헉대며 부려보는 여유
솔방울 톡 튕겨 그 향기 뿌려도
이어지지 않을 것만 같은 꼭짓점
가야만 하는가 하고 뒤돌아보니
온 길도 아스라하다
쉽고 쉬운 길 다버려두고
돌무더기만 밟아온 뒤안

50고개 통증 위에
중중첩첩 더해지는 쨍쨍한 햇살
응얼대는 또 한 고갯길
떨어지는 땀방울에
기적처럼 웃을 이를 생각하지만

말라버린 옹달샘 앞에서
목마름 채근하는 무기력한 바램
머물지 마라
눈시울 보다 더 붉어진
서쪽 하늘을 보지 않으려거든

헉헉대던 발밑에
어느덧 밟혀버린 불모산 꼭지
한 발 딛고 너울너울
또 한 발 딛고 어얼씨구
춤추며 바라보는 눈 속에
펼쳐지는 파노라마
그 희열 눈꺼풀 덮고 있을 시간은
길어도 길어보아도
찰나에 불과한 것
뒤 돌아 내린 첫 발에
사랑은 벌써 옛일이 되었고
시작되는 내림 길은
나 보고 가라하네
뒤 돌아 보지 말고
그냥 가라하네

뻘밭

바다의 시작은 뻘밭이다
바다의 끝도 뻘밭이다

그 너른 뻘밭
작은 구멍에서 솟구쳐 오르는
밀교의 의식처럼 가느다란 물줄기를 보고
두 손을 빠뜨려 더럽히고 싶은 충동
만져보고 싶어 만져보고
느껴보고 싶어 느껴보는
나만의 의식

막 잡은 갯지렁이 한 마리를
통째로 입에 넣으며
게걸게걸 씹는 것은
한 소녀의 전부를 차지하여야 하는 것처럼
탐욕의 세계일 뿐이다

두 손으로 건져 올린
작은 세계는
잠시의 기쁨 다음에 오는 긴 두려움

두려움이 없이 차지하는 것은 환상이지만
뻘밭의 무지함은 탐욕이다

탐욕에 눈이 먼 나는
뻘밭에 드러누워
그들과 한 패가 된다
뻘밭에 누운 머리위로 햇살이 내린다
도둑게의 물총이 쏟아져 내린다

뻘밭에서 시작된 두려움을 버리고
환상을 찾으러 바다 끝으로 간다
드디어
나, 바다 끝에 있다

1983. 1. 21.

섣달 그믐 날

섣달 그믐 날
까만 밤의 정적이
죽은 까치의 몸부림위로
하얗게 내린다

까치의 희어버린 눈 알 속에
비치는 탐욕의 모습
꽁지 짬 거꾸로 잡고
어우잘 거리는 도락꾼 희롱 속에
까치인들 제 넋을 온전히 챙길까

새까만 밤의 정적이
죽은 까치위로 하얗게 내릴 때
아이들은 때때옷을 개켜 놓고
억지로 자고 있다

1983. 2. 12.

안양까지

어디 쯤 있을까
해 너머
붉은 노을 짙어 지는데
가도 가도 닿지 않는
안양길이여

회초리 같던 가로수가
고목으로 바뀌어 버린 세월처럼
무거움으로 다가 오는
그 옛날의 안양길
함께 했던 길은 저렇게 남아 있어도
희미한 떠올림은 갈라지고 벗겨져 찾을 수 없네
님의 모습도 가로수 등걸처럼 변하였겠지
도무지 찾을 수 없는 흔적이여

아 아,
님도
그 옛날의 안양길도
돌이킬 수 없는 허상일 뿐인데
나는 왜 안양까지 와야 하는가

연습

파도가 밀려든다
아이는 파도를 보고 놀란다

시퍼런 파도는
금새 하얀 물보라로 변한다
아이는 물보라를 보고도 놀란다

하얀 물보라는
얌전한 색시가 되어
다소곳이 무릎을 꿇고서
아이의 나약함을 채근한다

파도가 밀려 온다
이번에 밀려온 파도 속에는
칼날이 숨어 있다
아이는 칼날을 보면서도
달려 들다가
금새 머리를 조아린다

아이는 바위 앞에 서서
파도를 보고
놀라는 연습을 하고 있는 중이다

왜 사냐고 묻거든

시위를 재는 우리의 명제

왜 사냐고 묻거든
나는 아무 말 없이 돌아서리라

파도가 밀려드는 바닷가
밀리다 밀리다 하얗게 부숴지는
파도를 바라보며
나도 저렇게 부숴지리다

왜 사냐고 묻거든
나는 아무 말 없이 돌아 서리다

저 만큼 날아가 버린 화살

1982. 4. 28.

인생

강위를 스쳐 가는
실바람에도 일렁이는 물결처럼
그 바람에도 저 만큼 날리는
마른 낙엽의 무게만 겨우 남겨놓은 흔적들
어허허
그것이 사랑인가

시린 이로 깨물어야 하는
얼음덩이의 아픔이
싸늘한 밤 젖은 공기같이
어깨를 눌러도
눈물을 흘리면서 웃어야 하는
삶을 받아들이며
이것이 인생이라면
어허허
이것 까지도 사랑해 보자

걸어 온 발자국은
바람이 지난 빈자리처럼
채워질 수 없는데

아들이 감추어 둔
바람도 추억도 모두 빼앗아
빈 지갑 속에 꼭꼭 채워 넣고서
기약 없는 다음 찰나를 위해
어허허
길 떠나야지

전통

이 담요에
처음에는 할아버지가 바다를 그렸다
아버지는 호수를 보탰고
나는 강을 그려 넣었다
우리 아기도
전통을 이어 받아
조그만 담요위에
앙증맞은 저수지를 그려 넣었다
4대에 걸쳐 지도가 만들어 졌다

할아버지는 할머니에게
할머니는 아버지에게
아버지는 어머니에게
어머니는 나에게 일러 주었듯이
나도 아내에게 전통을 일러 주었다

묵은 어둠위에
하얀 해를 얹기 좋아하는 아내는
호청 갈고

속 바꾸고
우리 아기를 눕히잔다

자꾸만 조알 대는
아내 귀에다
할아버지가 그랬을 성 싶은
아버지도 그랬을 성 싶은
관습의 말을 그예 하였다

저 녀석 장가가면 며느리가
하늘을 걷어 가겠지
그 때 까지 기다립시다

1983. 가을

천식

삭신보다 샥신이 더 어울리는
너덜거리는 근육과
푸석이는 뼈다귀 한 웅큼 사이로
얼어붙은 찬바람이 만들어 진다
방금 폭풍을 생산하였다

목구멍을 통해 나오는 중심부에는
열대지방 축축한 냄새에 묻어 있는
바람소리 들어 있어
그 위력 재보지 않아도 능히 짐작되는 30m/s
열대성 저기압 태풍이다
가슴속에 들어 있는
응어리의 양이 얼마나 될 까
퍼 내고 퍼 내는 불면의 밤을 겨우 지나
'아이고 샥신' 하던 말이 채 끝나기도 전에
확대 재생산되는 신기한 폭풍
누나는 월남의 달밤 노래를 부르다가
어머니의 한까지 가슴에 담아
에라 망할 놈들 하면서
야무지게 독한 말 뿜어 놓고

흔적도 없이 사라져 버리는 태풍 앞에
또 넋을 놓았지요

초저녁 7시
마그마의 온도 겨우 2,000도
눈알이 붉어져 오고
목덜미 핏줄 하나하나 세워지는걸 보니
온도가 점점 오른다
인계점(忍界點)이 5,000도가 되면
화산은 또 불을 뿜겠지
3막 5장의 클라이막스처럼 한동안 태풍을 쏟아 놓고
온 세상을 다 긁어 놓고
또 그렇게 잠잠해 지겠지
내일 태풍이 올 때 까지

閑(한)

그림자는
제 무서워 오그라들고
바람도 솔밭 속에 숨어 버린
여름 날 오후

한가로운 누렁이
이끼 낀 섬돌 위에
낮잠을 즐기는데

초당 아이
글 읽는 소리만
쩡-쩡-한
여름을 지킨다

81. 5. 19.

바람은 소[illegible] 속에 숨어 버린 여름을
보[illegible]
[illegible]님의 시 [illegible] 寫

티끌

목련꽃
순결한 꽃잎 위에
고이 앉은 것은
꽃가루만이 아닌
세상의 티끌도 있을 테지요

티없이 맑은
님의 눈동자를 가리는
어둔 그림자는
아이쉐도우만이 아닌
구름의 그림자도 있을 테지요

그대 앞에 있는
초라한 내 모습이
순결한 꽃잎 위에 앉은
티끌이었고
그대의 영광을 가리는 것이
구름만이 아닌
내 그림자란 사실을
이제 알았네요

1975. 4. (서울 집 마당의 목련을 보며)

목련꽃
순결한
꽃잎

샘

제 9장

샘 1
샘 2
샘 3
샘 4
샘 5
세종로 1
세종로 2
세종로 3
세종로 4
세종로 5

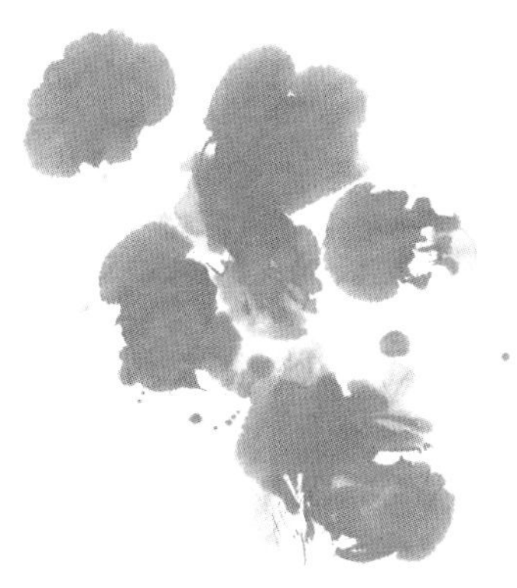

샘 1

비 한 방울 뿌리지 않아
먼지만 풀썩이는 들녘을 바라보며
시름에 젖게 하는 것이
하늘의 뜻은 아닐 것입니다
한 모금 물을 얻기 위하여
메마른 땅을 파는 것이
결코 하늘의 뜻을 거스르는 것은 아닐 것입니다.
시들어 가는 고추를 바라보는 농부의 가슴은
고추보다 더 새까맣게 타버렸습니다
혓바닥 길게 늘어뜨리고
한 모금 물을 찾던 어린 송아지가
어미 곁을 찾아 갈 힘조차 잃어버리고
어느 둔덕에 기대어
그 짧은 생을 조용히 마감하도록 강요하는 것이
정녕 하늘의 의지는 아닐 것입니다.

샘 2

바싹 마른 대지에서
샘을 팝니다.
호미로 파다 안 되면 괭이로 파고
괭이로도 안 되면 삽으로라도 파야지요.
삽자루 부러지고,
실팍하던 삽날이 무디어 지다
끝내 종잇장 휘듯 꺾이어 지면
성성한 이 손끝으로 라도 파야겠지요.
마른 땅을 파고 또 파다 보면
언제인가 맑은 물이 고이는 샘이 나오겠지요.
마른 수건 짜는 노력으로
젖은 땅 쥐어짠다면
한 모금 물을 얻을 수 있겠지요
하늘을 바라보고 울고만 있기에는
우리에게 허락된 시간이 너무 짧습니다.
거북등같이 말라버린 논바닥에는
포기한 의지와
던져 버린 집념과
우스개 희망이
모든 것을 넘어 선 시체로 늘비하지만
결코 포기할 수 없습니다

지천으로 늘려 있는 포기들 위에
나의 굴절된 삶을 하나 더 보태는 것이
어려운 것은 아닙니다.
불지옥의 삼천 겁이 무서워
하늘을 원망하지 않는 것은 더욱 아닙니다.
지글거리는 염천에서 마른 땅을 파고
축축하게 젖은 흙에 염치없는 얼굴을 묻으면서
고개를 들지 않는 것은
채찍을 들고 있는 모든 것들로 부터
자유로울 수 있었음이겠지요
고개 숙여 작업에만 몰두 하는 것이
오히려 일락(一樂)입니다
내 노력의 부족함을 알았고
한계가 여기임을 알았음에도
한계일 수밖에 없는
부족을 극복하지 못한 채
땅을 치며 하늘을 바라보는
패배자로 남기에는
패배자란 비난을 감수하여야 하는 고통보다
더 큰 고통이 있기 때문입니다.

샘 3

참으로 부드런 미소를 담고 있던
아내의 예쁘기만 했던 얼굴
앙증맞던 젖가슴과 탄력있던 두 다리
탐스럽던 엉덩이는 다 어디로 가고
찢어진 셔츠 위로 드러나는
말라빠진 가슴과
흔적만 겨우 남은 젖꼭지
쨍쨍한 날 황톳길 위에 떨어져
시간 지나매 제 모습 버리어 가듯
뼈 위에 가죽만 걸친 아내가
쉬어 빠진 노파의 모습으로 다가와
미소의 그릇에 희망을 담아 보내는
처연한 모습을 바라보며
줄 수는 없지만 주기 위한 헛 노력에
손마디가 뭉글 어지고
뭉글 어진 손에서 흐른 피로
마른 땅이 적셔진 것을 보고
행여 하는 기대를 가지는
힘없는 아내의 눈동자를 바라보는 것도

내게는 더 할 나위 없는 고통이지만
고통의 시간은 끝나가고
우리가 갈구하던 세상이 열리고 있습니다.
몸의 무게에 반비례하여
마음은 가벼워지고 있습니다.

샘 4

아 아
물을 얻기 위하여 만든 이 구덩이가
마침내 무덤이 되고
무덤에 들어버린 내 주검위에
새털같이 가벼워진 아내의 몸이 살포시 포개어 지며
잠깐, 정말 잠깐 사이에
"사랑 해"
누가 들을까봐 조그만 목소리로
잃어 버렸던 낱말을 떠 올려
밀어를 전하고
까칠한 입술이지만
이글거리는 저 태양보다 더 뜨거운 키스로
주저 앉은 내 영혼을 불러
좁디 좁은 구덩이를 벗어나
영원의 땅으로 날아갑니다.

샘 5

아내는 이미 알고 있었답니다.
이 땅을 파도 샘이 없다는 사실을
아내는 이미 알고 있었답니다
이 땅에서 파내려고 하는 것은
샘이 아닌 영원한 삶이었다는 사실을

잔인한 하늘은
우리를 그렇게 인도하였고
우리는 그렇게 순응하였습니다

세종로 1

세종로 네거리
쥐구멍에 햇빛이 든다
구멍에 틀어 박혀 살던 생쥐는
햇빛을 보고 뛰쳐 나가버렸고
쥐와 함께 살던 오만 세균들도
슬슬 떠날 준비를 하고 있다
어둡고 음습하던 쥐구멍에 햇빛이 든다

그런데 어느 날 부터인가
쥐구멍에 검은 그림자가 다시 드리우면서
결국에는 햇빛이 막혀버렸고
빈 쥐구멍에는 생쥐보다 더 큰 두더쥐가 들어 앉아
주인 노릇을 한다
이게 아닌데...
이게 아닌데...
뭔가 잘못되어도 한 참은 잘못 되었다

세종로 2

전혀 어둡지 않은 세종로의 밤 9시
천명의 디오게네스들이
저마다 촛불을 하나씩 들고 거리로 모여 든다
왜 촛불을 들고 나타났을까
디오게네스들이 찾는 것은 무엇일까
그래 바로 그거야
그래 바로 그거야
광장에 모여든 디오게네스들은
하나 같이 찍찍하는 소리를 내면서 지휘자의 지시에 따라
촛불을 버리고 눈에 불을 켜고 있다
붉게 충혈 된 눈빛이 너무 무섭다

세종로 3

햇빛은 밝은 곳을 더 밝게 비쳐 주지만
촛불은 어두운 곳을 비춰준다
세종로의 밤 9시는 대낮처럼은 아니지만
거리의 가로등과 반짝이는 네온사인
지나는 차들이 던지는 헤드라이트 불빛 까지 있어
낮처럼 환한 세종로 밤거리에 촛불이 필요할까

저들이 들고 있는 촛불은 아무래도 세상을 밝히지는 못하고
촛불이 타는 종이컵만 환히 비쳐준다
촛불을 들고 모인 사람들은
촛불로 밝히려는 것은
겨우 촛불을 싸고 있는 종이컵과
종이컵을 비추는 방송카메라의 렌즈뿐이라는 사실을
이미 잘 알고 있다.

세종로 4

촛불은 세종로에만 있는 것이 아니다
이 시대 우리의 영웅들은
수시로 촛불을 들고
세종로만이 아닌 도시 곳곳 나타난다
그들에게 있어서
촛불은 이념의 골을 넘기 위함이 아니기 때문에
촛불은 이념의 운동이 아니다
촛불은 네 눈동자의 박제이듯이
박제가 된 내 눈동자이다
촛불은 촛불로서 축제일뿐이므로
촛불은 촛불로서 존재한다
그들은 미선이가 불쌍해서 촛불을 들었고
미선이를 죽인 미국병사가 불쌍해서 촛불을 들었고
광우병에 걸린 미국소가 불쌍해서 촛불을 들었고
그 소를 먹고 광우병에 걸릴 한국 사람들이 불쌍해서 촛불을 들었다

세종로 5

디오게네스들은
도도하게 흐르는 역사의 거친 물결을
작은 조각배로 거슬러 올라가는
위대한 영웅들이었다
디오게네스들이 촛불 하나씩을 들고
백주의 로마시내를 배회하듯
세종로 밤거리를 어슬렁 거리는 동안
저들은 자신이 영웅으로 알고 있을 뿐
얼마나 초라한 모습인지 결코 알지 못 한다
스스로 역사의 제단에 바쳐진 제물이라고 생각한 만큼
진실로 제물이었지만 결코 제물은 아니다
날이 밝기 전에 그들은 일제이 쥐구멍이 아닌 도시의 골목으로 모습을 감추었고
아침이 되자 사실을 모르는 시민들이
출근을 하는라 분주한 광장 쥐구멍에서
빛이 새어 나온다
찬란한 빛이 세어 나온다

적어도 저녁이 될 때 까지는
새 날이 밝았다

‖작 품 해 설‖

김용수 시인의 〈하루꼬의 바나나〉에 대한 시의 미학

시인 김 기 원
경남과학기술대학교 명예교수

序文

사람은 욕망의 숲을 벤다. 나무를 베는 게 중요한 것이 아니라 욕망의 숲 속에 벨 나무을 잘 선택하여야 성공한다.

성공적인 사회생활은 보통사람보다 다르게 매사를 마련하고 행동하며 이미지적 감각과 유머를 가져야 된다.

시인은 다양한 욕망의 소유자로써 가시밭길로 알려진 문인의 길을 택하여 걷는 대는 일반적인 사람과는 달리 독창적인 시각과 감성을 가지는 문학적인 소질과 여기에 보편적인 사회성을 덧붙힘으로서 다양한 욕구를 가진 다양한 독자를 만족시킬 수 있는 보편적인 가치관을 글 속에 녹여 내어야 하는데 이런 기준으로 본다면 김용수 시인이야말로 이러한 특징들을 고루 갖춘 시인이라 하지 않을 수 없다.

첫째 김용수 시인은 감성을 이미지로 담아내는 문학과는 태생적으로 다른 이성적이고 논리적인 글을 작성하여야 하는 극히 보수적인 직업에 종사하면서도 틈틈이 시작활동을 하면서 40여 년 간 문학의 길을 걸었음은 김용수 시인의 문학에의 집념을 엿볼 수 있는데, 이러한 문학에의 열정은 김용수 시인의 다양한 시작품 속에서 때로는 이성적으로, 때로는 감성으로 녹여 그만의 독특한 시세계를 만들고 있다.

김용수 시인의 작품에서 나타나는 향기는 이러한 사상이나 철학, 미적인 감각이 내재되어 있어 잡초 밭의 월계수나무처럼 더 짙은 향기로 주위를 제압하고 있다고 할 것이다.

두 번 째 김용수 시인은 중 고등학생 시절부터 문학을 향한 열정을 가지고 있던 문학 소년이었다

중고등학교 시절에는 모든 청소년들이 다 잠재적인 시인이요 문학가이지만 그러한 꿈이 나이를 먹음에 따라 반비례하여 점점 사라지며 마침내 각박한 세속에 젖은 필남필녀가 되는 것이 보통인데, 김용수 시인은 문학과는 거리가 먼 직업생활을 하면서도 젊은 시절의 꿈을 잊지 않고 틈틈이 습작활동을 해 오다 결국 신인상 수상이라는 스포트 라이트를 받으면서 화려하게 문단에 등단하였고, 등단 이후 그 동안 활동하지 않은데 대한 보상이라도 받는 듯이 일간지를 비롯하여 여러 매체를 통한 의욕적인 활동을 하다가 마침내 시집을 발간하기에 이르렀는데 김용수 시인의 시 한 편 한 편을 읽노라면 40여년의 동면기를 통하여 봄이 되면 꽃피울 새싹을 위하여 고민하고 몸부림친 흔적을 찾아 볼 수 있다.

셋 째 김용수 시인은 김해김씨 삼현파 출신으로서 삼현파의 삼현 중에는 조선 연산조 때 무오사화로 숨진 문정공 탁영 김일손 선생과 김일손 선생의 장조카인 삼족당 김대유 선생의 후손으로 알고 있는데 문정공 탁영선생과 삼족당 김대유 선생의 화려하고 빼어난 문체는 지금도 후세의 귀감이 되고 있는바, 위 학풍가문의 문재를 이어받아 가문의 피는 못 속인다는 특징적인 연분을 고스란히 그의 시 세계에 담아 내었다고 할 것이다.

넷 째 김용수 시인의 시에서는 때로는 서사시적인 웅장함이 엿보이면서도 잔잔한 감동을 주는 서정을 바탕에 깔고 있다.

그리고 시인의 시는 형식에 얽매이지 않는 현대적인 자유시를 기본으로 하고 있지만 그의 시를 읽다보면 어느 틈에 노래가 되는 내재적 율격이 감추어져 있어 책을 손에 든 독자는 저도 모르게 따라 노래를 하다보면 어느 틈에 끝까지 다 읽어 버리게 하는 매력을 품고 있다.

김용수 시인의 시집〈하루꼬의 바나나〉에 실린 모든 시를 다 평할 수는 없으므로 그 중 대표적인 몇 작품만 발췌하여 시평을 하기로 하는데, 이 시집에 실린 80여편의 시 어느 하나도 빼 놓으면 안 될 주옥같은 글들임을 다시 한 번 밝힌다.

1.

시 〈하루꼬의 바나나〉에서 〈하루꼬〉는 김용수 시인 모친의 일본식이름으로서 김용수 시인의 모친은 한국인이지만 일본에서 태어나 성장하였고, 해방이 되면서 귀국하여 비로소 한국사람의 이름 〈춘자〉가 되었는데, 하고 많은 책이름 중에서 하필이면 모친의 이름을 사용한데서 시인의 감성을 엿볼 수 있다.

사람은 태생적으로 고향을 찾게 되고 고향의 바탕에는 어머니에 대한 동경과 사랑, 연민이 깔려 있다고 할 것인데 그렇다면 어머니는 문학의 영원한 고향이라고 할 것이며 저마다 어머니를 그리는 노래를 한다.

그러나 같은 소재의 글이 많으면 많을수록 자칫 방만하여 세속적인 자아도취에 빠져버리는 경향이 짙은데 김용수 시인은 이러한 함정을 교묘히 피하면서 시 〈하루꼬의 바나나〉, 〈사모곡〉, 〈송가〉등을 통하여 김용수 시인이 가진 어머니에 대한 깊은 연민과 사랑을 미학적 감각으로 담아내는데 성공한 수작이라 하겠다.

물은 인류 문명 발생의 근원이며 삶의 기본적인 조건이다.

시인은 인간생명의 근원을 〈샘〉을 통하여 표현하면서 심도있게 그려내었다

〈샘〉은 짧은 한편의 서정시이지만 그 〈샘〉속에는 근원적일 수 밖에 없는 가뭄을 통한 아프리카의 비극을 조명하면서 이를 해결하여야 한다는 문제의식을 제기함과 동시에 이를 극복하고자 하는 인간의지, 어떠한 고난과 어려움 속에서도 꽃피는 참다운 부부사랑이 있을 경우 한계상황에 내몰려 비극적 삶을 마감하는 그 순간에도 결코 비극으로 끝나지 않고 우리에게 감동을 주는 아름다운 사랑이야기가 될 수 있다는 사실을 시인의 시 〈샘〉을 통하여 노래하고 있으며, 죽음을 맞이하면서도 김용수 시인의 불교관에 따라 내세를 기약하므로서 〈샘〉은 단순한 사랑이야기가 아닌 대서사시적인 한편의 휴먼드라마가 되었다.

즉, 비극 속에 그려지는 부부애와 비극을 극복하려는 인간의 의지, 그리고 삶의 태생은 유사적 상대가 변화하여 전개하는 목적이 전혀 다른 내용으로 발생시킨 샘의 역할에 대한 탐구적 욕구와 생명의 강한 가치를 호소할지라도 성취하는 결과는 고난을 거쳐 얻어진다는 숙명적인 가치성을 샘이란 원천을 통해 조명하며 결국 인간의지의 한계에 봉착

할 때 하늘을 원망하지 않고 하늘의 뜻으로 받아들여 하늘이 인도하는 대로 순응하므로서 내세를 기약하는 신화의 이미지를 문자를 통하여 예리하게 표현한 작품이다.

한 모금 물을 얻게 위하여
메마른 땅을 파는 것이
하늘의 뜻을 거스르는 것은 아닐 것입니다
시들어가는 고추를 바라보는 농부의 가슴은
고추보다 더 새까맣게 타버렸습니다
혓바닥 길게 늘어뜨리고
한 모금 물을 찾던 어린 송아지가
어미 곁에 찾아 갈 힘조차 잃어버리고
어느 둔덕에 기대어
조용히 그 짧은 생을 마감하도록 강요하는 것이
정녕 하늘의 의지는 아닐 것입니다

〈샘 Ⅰ〉

생로병사란 탄생에서 부터 인간자신이 고스란이 부담하면서 죽음에 이르기 까지 스스로 헤쳐가야 할 길이며, 그 길을 가는 도중 때로는 무릉도원에서의 꿈같은 세월이 있을 수도 있고, 마치 삼천겁의 불지옥을 만날 수도 있겠지만 힘든 고난의 길이 닥쳐와도 이를 무서워하며 피하거나 하늘을 원망하기보다 스스로 탐구하고 개척하여 끝내는 아름답고 즐거움이 넘치는 극락세계를 만들어 가는 과정이라고 하겠다. 시인은 이러한 인간 노력, 한계상황에 부딪쳐 이를 극복해 나가는 과정에서 비록 비극적인 삶을 마친다고 하더라도 이를 미학적으로 담아 〈샘〉이라는 작품에 녹여 내었다.

"사랑해"
누가 들을까봐 조그만 목소리로
잃어 버렸던 낱말을 떠 올려
밀어를 전하고
까칠한 입술이지만
이글거리는 저 태양보다 더 뜨거운 키스로
주저앉은 내영 혼을 불러
좁디좁은 구덩이를 벗어나
영원의 땅으로 날아 갑니다

〈샘 Ⅳ〉

7년 대한(大旱)이라는 대자연의 횡포 앞에 이를 극복하려는 필사의 노력을 하지만 이 불행이 하늘의 뜻이라면 저항하지 않고 순응하면서 끝내 사랑하는 부부가 동시에 죽음을 맞이하는 비극적 상황에서도 남편은 물이 나올 수도 있다는 희망, 즉 행복을 부인에게 주기위하여 마치 물이 나오는 것 처럼 행동하고, 부인은 부인대로 물이 나오지 않을 것을 알면서도, 결국 이 어려움을 인간의지로 극복할 수 없다는 사실을 알고 조용히 운명을 기다리며, 남편에게 실망을 주지 않기 위하여 남편이 웅덩이를 파는 옆에 쪼그리고 앉아 웅덩이를 파는 남편을 바라보면서 남편과 함께 이승의 마지막 순간을 기다리다 마침내 마지막 순간이 왔다고 생각될 무렵 남편에게 조그만 목소리로 전하는 마지막 사랑의 밀어 "사랑해" 이 짧은 말에서 그들의 숭고한 사랑이 함축되어 있다.

이승에서의 마지막 뜨거운 키스를 보내는 그 장엄함에 어느 누구가 사랑하는 부부의 뜨거운 마지막 키스에 경의를 표하지 않을 수 있으랴.

이 시의 1, 2연에서 일어난 아프리카의 비극은 3연을 거쳐 4연에서 반전되면서 가빠지는 호흡을 "아 아"하는 탄식으로 진정시키는데 이때 이 탄식의 소리는 어쩌면 가빠지는 호흡을 진정시키는 역할을 하는가 하면 뒤집어 읽어보면 극적 반전을 비롯하는 촉매가 되어 "사랑해" 하는 말에서 강한 방점을 찍는 문장의 하이라이트가 되며, 이어서 독자로 하여금 마지막 연의 결론을 암시하는 등대의 역할 충실히 하고 있음을 알 수 있다.

아내는 이미 알고 있었답니다.
이 땅을 파도 샘이 없다는 사실을
아내는 이미 알고 있었답니다
이 땅에서 파내려고 하는 것은
샘이 아닌 영원한 삶이었다는 사실을

잔인한 하늘은
우리를 그렇게 인도하였고
우리는 그렇게 순응하였습니다.

그리하여 김용수 시인은 마지막 연에 이르러 비참한 아프리카, 죽음이 곳곳에 널려있는 비극적 아프리카 속에서 아프리카의 참상을 시로서 세계에 전파하며, 아울러 죽음의 땅, 죽음의 소용돌이 속에서도 잔잔한 사랑을 이어가는 생명력 넘치는 아름다운 아프리카를 완성시켰다.

2.

시 〈샘〉 에서도 나타나지만 김용수 시인은 평소 직업적으로 고뇌를 통하여 사물을 바라보아야하고, 스스로 또는 3자가 던진 화두의 답을 찾아야 하는 타인에게는 지극히 비일상적인 일을 일상으로 하여야 하는 직업에 종사하여 보수적이고 딱딱한 이미지를 줄 수 있지만 직업을 벗어났을 때에는 극히 온화한 성품의 소유자가 되어 모든 것을 관용하고 스스로 이해하면서 따뜻하게 감싸는 쾌활한 김용수 시인만의 독특한 덕행은 언제나 주변을 부드럽고 따뜻하게 만든다.

김용수 시인의 이러한 성격은 시 〈까치〉를 통하여 표출된다.

〈까치〉는 우리 민족에게 좋은 소식, 새로운 소식을 전하는 전령사이거나 반가운 손님이 올 것을 알려주는 길조로서 우리 생활 속에 깊숙이 들어 와 있는 가장 가까운 새이다.

까치는 행운이고 행복이다.

김용수 시인은 〈까치〉를 통하여 언제나 까치와 함께 하고픈 우리의 나약한 심성을 단순한 시어의 반복을 통하여 밀도 있게 표현하고 있다.

일반적인 사람들의 시에 대한 고정관념은 아주 난해하여 쉽게 이해할 수 없고, 따라서 굉장히 어렵다는 선입관에서 스스로 방어막을 치고 접근하지 않으려는 경향이 있는데 김용수 시인의 〈까치〉는 이러한 고정관념을 스스로 무너뜨려 누구든지 쉽게 접근하고, 나도 저 정도의 글이라면 당장이라도 쓸 수 있겠다는 자신감을 부여하는 아주 쉬운 글이다.

그럼에도 불구하고 김용수 시인은 〈까치〉에서 표현하고자 하는 이미지를 함축적이고 밀도 있게 그려 내므로서 ?범상에서 탈피하는데 성공한 작품이라 할 것이다.

오늘이여

어제 아닌 오늘이여
내일 아닌 오늘이어라

까치가 울던 날 아침
나는 까치가 오늘 울었다고 하였고

오늘 아침 까치가 울 때
나는 오늘 까치가 운다고 하였고

내일 아침 까치가 울어도
나는 오늘 까치가 운다고 하겠지

손안의 까치는
언제나 오늘만 운다.

〈까치〉

김용수 시인은 〈하루살이 1 하루살이 2 하루살이 3 하루살이 4〉를 통하여 인간의 이중성, 즉 인간이 살아가면서 때로는 가해자가 되기도 하지만 때로는 포획자에 의하여 비참한 종국을 맞이하는 먹이사슬 도표상의 하나임을 의미심장하게 그려내고 있는데, 사실 인간의 삶, 집단적으로 모여 하는 행동들이 데모나 전쟁을 포함하여 스포츠 경기 등 집단적인 모든 행동들을 하나의 축제로 표현하면서 우리 삶의 의미를 심도 있게 파헤치고 욕망의 본질을 추구하고 있다.

삶이란 무엇인가.

부처는 생로병사를 벗어나 윤회의 게 참회하는 기간이라 했고, 예수는 인류가 원죄에서 벗어나기 위하여 하는 참 기도의 기회라고 설파했으며 했다, 철학자 칸트는 왔던 곳을 다시 돌아가는 길이라 했다.

김용수 시인은 〈하루살이 1〉에서 "하루의 축제를 위하여 --중략--

축제의 주인은 나"라고 하면서 무리를 이룬 수많은 군중들 속에서 저마다 다른 생각과 다른 행동들을 하고 있지만 결국 영겁의 시간 속에서 잠시 살다가는 극히 짧은 시간만 허용받은 우리는 우리 자신에게 충실하므로서 진정한 자아를 발견할 수 있다는 메시지를 전달하고 있다.

3.

희랍 신들의 대화」이란 책에서 여러 신들이 태양신인 아폴론을 규탄하자 아폴론은 "나 때문에 온 세상의 밝음이 지속되며, 밝음 중에 갈등이 발생하므로 나 없으면 세상이 조용할 것 아닌가" 하면서 스스로 사라질 것을 말하자 그 말을 듣고 있던 비너스 여신이 "모든 생물은 빛을 얻고자 기원합니다. 당신은 모든 생명의 범죄자가 되겠습니까."라고 말하였다.

하루에는 밝음이 있고 어둠이 있으며, 누구에게 선한 행위는 또 어떤 누구에게는 악행이 되는 이중성을 가지고 있는데, 시 〈하루살이〉는 오늘 축제의 주인공이었던 하루살이가 어느 틈에 거미 축제의 객이 되어 하루살이의 짧은 생을 마감하는 이중성속에서 비참한 생의 종말이 애초부터 정해진 틀 속에서의 운명이므로 이를 원망하거나 한탄하지 않고 그대로 승복하면서 단 하루를 살다가는 짧은 생이지만 그 생에 의미를 부여하는 성숙된 자아를 심도있게 그려내었다.

김용수 시인은 인간의 삶이 비록 하루살이와 다를 바 없으나 〈하루살이 1 하루살이 2 하루살이 3 하루살이 4〉 통하여 고정된 범주들을 가지고 활동하는 구체적이고도 일면적인 사유를 유동적이고 추상적, 가변적인 사유로 대체함으로서 비변증법적인 현실로 접근하여 시간과 공간에 따라 변화하는 인류의 근본문제인 삶을 형이상학적으로 표현하는데 성공한 작품이다.

하루를 살아도
임과 함께한 세상은 아름다워라
달빛 흐르고 미풍도 잠든
낯익은 시냇가 풀숲에
감추어 둔 영광은 자랑스런 후손
단 하루를 살나가도
물방개가 바라보는 지구와 다르다
아들아
딸들아
짧은 삶을 원망하지 말고
내일을 꿈꾸며
우리의 영광을 노래하라

4.

김용수 시인은 불교에 대한 깊은 이해를 가지고 있는 불교시인이다.
김용수 시인의 이러한 불교적인 깊이는 〈탁발승 , 승무. 왕오천축산전. 청산〉에서 잘 나타나고 있다.
시〈탁발승〉에서 탁발이란 색즉시공 공즉시색, 즉 있어도 없는 것과 같고, 없어도 있는 것과 같은 허허로운 세상에서 모든 소유를 부정하고 몸에 걸친 가사 한 벌과 탁발할 그릇만이 전부인 스님이 스스로 고행을 행하다가 해질 무렵 비바람을 피하여 당산나무 아래서 쉬어빠진 공양밥 한 덩이를 목구멍으로 넘기면서 울퉁불퉁한 돌바닥에 그래도 다리를 벋고 잠을 청하는 것이 행복이라고 여기는 탁발승의 의식을 이미 인간의 모습이 아닌 세속 번뇌를 다 벗어난 부처로 승화시켰다.

-- 중략-- 탁발승 / 당산나무 아래에서 / 무념, 무상에 들며 / 이 밤 / 또 / 해탈하다 〈탁발승〉

참으로 김용수 시인만이 표현할 수 있는 불교시의 백미라고 하겠다.

승무란 승려가 추는 춤으로서 목적에 따라 춤의 형식이나 동작이 다양하지만 사실 스님이 의식(儀式)적으로 행하는 춤을 이해하고 이것을 문학으로 표현하기 위해서는 승무만이 가진 춤의 세계에 대한 심도 있는 이해와 노력이 밑바탕이 되지 않으면 감히 의도조차 할 수 없는 어려운 문제인데 김용수 시인은 스님들의 의식(儀式)세계인 승무의 춤사위 하나하나를 연구하고 해석하면서 마침내 이를 문학적으로 표현하여 하나의 시로 완성하였음은 어느 누구도 시도하기 어려운 김용수 시인만이 가진 시의 세계요 시에 대한 의지라 하겠다.

즉 〈승무〉의 첫 구절에 〈무명으로 덮은 / 업의 무게가 그렇게 무거운가.〉

두번 째 구절 〈속세의 세월이 서러워도 떨치지 못해 / 훠이훠이 휘둘리는 / 장삼 끝 모란꽃 두 송이 〉

세번 째 구절 〈올라가는 두 손이 닿는 곳이 어디일까〉

네번 째 구절 〈나비를 쫓던 여인도 /어느 틈에 나비가 되어 나비춤을 추고 있네.〉

다서번 째 구절 〈법당 안은 온통 꽃을 찾는 나비뿐이네〉

여섯 번 째 구절 〈어느 틈에 법당 안은 한마음으로 합장하며 / 나무관세음 보살, 나무관세음 보살, 나무관세음 보살〉

승무를 통하여 과거세 현세 미래세의 삼세를 형통하면서 만법귀일

(萬法歸一) 즉 부처님의 법은 둘이 아니고 하나임을 춤으로 표현한 승무 춤의 복잡한 춤사위와 보통의 춤과 다르게 움직임이 없는 가운데 움직임을 나타내는 절간의 의식적인 춤을 이해하고 행위예술을 문학의 범주로 글어 들인 김용수 시인에 격려를 보낸다.

5.

아울러 불교에서 청산 백운은 단순한 산과 구름을 뜻하는 것이 아니고 백운은 남자 비구승, 청산은 여자 비구니 승을 말한다. 김용수 시인의 〈청산〉에서 인간 욕심을 신랄하게 비판하면서 어차피 아무것도 가지고 가지 못할 다음 세계를 위하여 마음을 비울 것을 촉구하고 있다.

김용수 시인의 〈청산〉은 문학 작품의 완성도를 높이기 위한 기법의 하나인 기승전결(起承轉結)의 4부분으로 나누어 각 부분에 최적의 역할을 부여하여 전체적으로 문학적 완성도를 높인 수작이다.

“채웠다가 비우고
비웠다가 채우면서
달려온 50년이 내게는 영겁(永劫)인가
그 세월 반으로 쪼개 한 길로 다듬으면
반은 부처요
반은 보살이라
내 몸을 싸고 있는 온갖 사슬을 풀어
뜰 밖에 던져두고
눈을 열고 마음을 씻어 들어가는 곳이
내원(內院)이고 도솔천(兜率天)이리라
묵직한 사슬을 풀고
오욕(五慾)이 담길 바구니에 법(法)을 채우며

생각에 생각을 더해도
도무지 생각이 없네”

라고 하여 세속적인 욕심을 버리지 못하는 자신을 탓하면서 부처의 세계에서 추구하는 이상을 향하여 정진하지만 그래도 인간적인 갈등을 버리지 못하는 사바세계 인간들의 이야기를 덤덤하게 하게 표현하는 이야기(詩)로 실마리를 꺼낸 후 다음 연에서

뜰 안 가득한 여름은 누구의 것인가
배고픈 참새가
여름 밭에 들러 주린 배를 채울 때
내 것도 아닌 농사를 왜 지키려고 하는가
배고파 찾아온 참새까지 탐하는
내 욕심은 끝이 없는가
지킬 수 있다면 채워질 수도 있을까
주린 배를 채우지 못한 채 ◎기는 새는
그래도 노래하는데
뜨락 가득 여름을 가진 이내 마음은
왜 이리도 무거운가

하고 첫째 연에서 꺼낸 이야기를 펼쳐가면서 문학적인 긴장도를 높여가다가 마침내 세 번 째 연에 이르러

녹수가 청산에 담겨 흘러도
내 것이 아닌게라
쫓겨 가는 저 새를 부르면

노래를 할 수 있을까
버릴 것 없는 빈 바구니까지 벗어 던지면
노래를 할 수 있을까
시내를 너머
청산으로 올라갈 날을 노래하자
바구니엘랑 여름을 담지 말고,
청량한 바람만 가득 채워
도솔천에 뿌리자꾸나

하면서 극적인 반전을 꾀하면서 인간의 다섯 가지 욕심을 던져 버리고 빈바구니까지 버리는 행위로서 욕심을 버리지 못하는데서 오는 갈등까지 모두 벗어 던지고 도솔천이 아닌 인간세계에 부처님의 청량한 법을 가득 채우므로서 마침내 부처의 세계가 추구하는, 아니 인간이 그 본성을 깨닫고 삶에서 진정한 의미가 무엇인지 우리가 살면서 진정으로 추구하여야 할 가치가 무엇이며, 궁극적으로 나아갈 바 방향이 무엇인지 하는 심각한 화두를 던지면서 그 답을 제시하면서 주린 배의 참새와 모든 것을 던져 버린 내가 하나가 되는 귀결부(歸結符)로 끝맺음한다.

마침내 저 새는 내 안이오
나는 노래하는 저 새리라

얼마나 아름다운 노래인가.

말 못하는 미물에 불과한 한 마리의 참새를 통하여 영원한 자유인 깨침을 얻는 이 시야말로 불교문학의 또 다른 정수이다.

무(無)에 무(無)를 더하면 영원히 무(無)가 되지만 무(無)와 유(有)를 혼합하면 아무리 손질하여도 역시 유(有)가 된다는 원리이다.

6.

김용수 시인은 계절에 대한 감각이 남다르게 예민하여 계절에 관한 노래를 많이 발표하였다.

봄은 누구나 유심(有心)하게 보내는 계절이지만 김용수 시인은 남다른 안목과 관찰로서 봄을 예찬 시와 목련〈목필, 북향화, 설화, 옥수〉을 통하여 봄을 또 다르게 표현한 시를 잇달아 발표하여 남다른 감동을 주고 있다.

가을걷이한 돈 몇 푼 움켜 쥐고
흘연히 떠나버렸네
긴 겨울동안의 헤메임
어디를 다녔는지
무엇을 했는지
도무지 알 수 없는 시간들
분노와 연민의 시간들
?
문득 바라 본
뜨락 한켠의 조각 볕 속에
살그머니 숨어 들어와
배시시 미소 짓는 님이여
에탬은 그 담새 잊어버리고
따뜻한 가슴에 얼굴을 묻고
겨우내 참았던 노래를 부른다.
봄의 노래를

〈봄 볕〉

김용수 시인의 시에서 자주 등장하는 〈님)의 의미는 과연 무엇일까.

김용수 시인의 〈님〉은 한용운의 시 〈님의 침묵〉에서 보는 님과 어떻게 다를까.

김용수 시인이 결코 실체를 밝히지 않은 〈님〉은 독자 여러분의 상상의 세계에서 찾을 일이다.

그러나 이 시에서 등장하는 〈님〉은, 긴 겨울 동안, 어디로 가버렸는지 모습을 감추었던 따뜻한 남국의 훈풍을 〈님〉으로 표현한 작품이므로 이 시에서 나오는 〈님〉은 푸른 잎을 달고 활기차게 솟아 오르는 푸른 녹음일 수도 있고 녹음을 불러 오는 뜨거운 여름입김일 수 도 있으며, 여름을 달고 나올 가을일 수도 있을 것이다.

겨울동안 모습을 감추었던 뜨락의 푸른 입김인 〈님〉이 따뜻한 봄과 함께 다시 집으로 찾아 왔을 때 선뜻 집안으로 발을 들이지 못하고 뜨락 한 켠의 조각 볕에 살그머니 숨어 들어와 베시시 미소 지으며 용서를 구하는 수줍은 여인의 모습.. 모습을 감추어 버린 님의 배신에 분노하고 연민하던 겨우내의 기억들이 베시시한 미소에 봄바람에 눈 녹듯 사라져 버리고 돌아와 준데 대한 고마움에 겨우내 참았던 노래를 부르는 것은 겨울 지나 봄을 맞는, 내 곁을 떠났던 꿈에도 그리던 아름다운 〈님〉을 다시 찾은 바로 우리의 노래가 아닌가.

7.

김용수 시인은 이따금 시조를 발표하곤 하는데 김용수 시인의 〈봄비〉는 고전적인 시조가 갖는 정형미의 완성작이며 동시에 청상과부의 은근한 바램과 아픔, 한을 〈봄비〉를 통하여 절절히 표현하고 있다.

김용수 시인의 이 〈봄비〉는 40여 년 전 이미 발표되었던 작품으로서 당시 많은 논란을 일으킨 작품으로 알고 있다.

즉, 당시 김용수 시인은 불과 20세 정도의 떠꺼머리 총각으로서 인생을 알지 못하는 총각이 청상과부의 한을 어떻게 아느냐고 시작되어 비평가 그룹의 집중적인 포화를 받았는데 그 나이의 총각이 이 정도로 심도있게 청상과부의 한을 그려 내었다는 것은 김용수 시인의 시상이나 시의 세계가 그 만큼 넓고 깊다는 것을 역설적으로 나타내는 작품이라 하지 않을 수 없어 다시 한번 감상을 해 보는 의미에서 특별히 선해 보았다.

문풍지 발라드는 가는 비 소리에
바르르 떨고 잣는 구절(九節) 빈 방 청상(靑孀)네여
얼룩진 무명베게는 봄비 맞은 자욱인가

가는 듯 온 듯하고 오는 듯 만 듯하니
청상의 수 삼년이 오죽하면 은근하리
하늘도 그 맘 알괘라 한 밤 세워 내리고야

8.

목련은 꽃봉우리의 뾰족한 끝이 붓을 닮았다고 하여 목필(木筆)이라고 부르며, 꽃대의 끝이 북쪽을 향한다고 하여 북향화(北向花)라고도 하며, 꽃잎의 그 부드럽고 청순한 이미지는 규방에서 곱게 자란 어여쁜 소녀의 손을 닮았다고 하여 섬섬옥수(纖纖玉手) 또는 옥수라고도 하며, 또 다른 이름으로 설화라고도 부르는데 김용수시인은 각각의 다른 이름을 모두 형상화하여 시로서 표현하는 의욕을 보이고 있다.

모필(毛筆)하나 없는 가난한 선비에게
필경은 붓 이었으라
단사표음(簞食瓢飮) 속이라도

목필(木筆) 한 나무 가득 열리었으니
넉넉한 이 마음 저 끝에 찍어
하늘을 적으오
정녕
하늘에 드리오

〈목필(木筆)〉

봄은 언제나 애잔하면서도 가녀린 여인을 연상시키며 동시에 생명의 기원을 밝히는 아름다움을 만든다. 〈인생의 길〉에서 아름다움을 위해 죽음을 두려워하는 것은 아름다움의 환상을 무서워하는 것이라 했다.

봄의 사랑을 느끼지 못하면, 꽃의 모습을 잃은 사람은 사랑이 없는 사람이라고 했다. 생명이 비롯하는 봄의 기운에서 우리는 새명을, 사랑을 시작한다.

김용수 시인은 언제나 봄을 곁에 두고 사랑하는 사람이다.

또한 김용수 시인은 봄 못지않게 가을에 대한 시상이 남달리 풍부한 시인이다.

김용수 시인의 시집에 수록된 가을을 예찬한 노래로서 〈가을, 낙엽을 태우며, 코스모스〉 가운데 가을을 대표하는 〈코스모스〉 시 한편을 소개한다.

하늘이자
바람에 하늘이자
눈부신 파란 하늘이
더 슬픈 날이면
저 너른 들판 한 컨을 지키는

이름 없는 꽃잎이 되어 보자
쉼 없는 바람에
끝내 보이지 않을 눈물이여
찬 서리 맞으며
흔들려도
그 자리
하얀 꽃잎이어라

이 아름다운 시에 더 이상의 설명이 필요한가.

파란 하늘을 바라보며 상념에 젖어 그냥 흥얼흥얼 노래를 불러도 좋고, 님과 함께 코스모스 꽃길을 걸으며 이슬에 젖은 코스모스 꽃망울을 손가락으로 톡 튕겨도 가을의 정취가 절로 묻어 나오는 참 정겨운 노래이다.

코스모스가 주는 가을, 그 가을이 상징하는 파란하늘 밑에서 김용수 시인과 함께 깊은 상념에 빠져보자.

김용수 시인이 심혈을 기울이고 가꾸어 온 시 편 가운데 〈겨울 . 권태, 사랑, 접동새, 천식, 경호강〉등의 작품을 김용수 시인의 폭넓고 깊이 있는 시의 세계를 두루 맛보았다.

특히 시〈권태〉에서 "겨울 밤 / 둘이는 밤이 새도록 싸움을 했다" 〈누에〉에서 "기억되지 않는 / 삶" 시〈경호강〉에서 " 강 언덕을 부여잡고 못다 한 노래를 한다 / 모래로 남고 싶어라 / 티끌로라도 남고 싶어라"에서 이제 이순의 60세를 바라보는 김용수 시인의 달관된 인생의 깊이까지 관조할 수 있다.

結

우리는 이상같이 김용수 시인이 꾸민 시의 세계를 두루 걸어가며 만져도 보고 읽어도 보고 때로는 아름다운 감상에 푹 젖어 보기도하였다.

문득 〈물속에 잡아져도 새앙쥐처럼 되지 말고 문학인으로 감동을 가져라〉라는 한용운 선생의 말이 생각난다. 이 말은 바로 김용수 시인을 두고 한 말이 아닐까.

김용수 시인의 시집 〈하루꼬 바나나〉에 수록된 탁발승, 승무, 청산, 왕오천축산전은 그 어려운 불교 철학과 행위예술을 자신만의 독특한 깊은 성찰과 이해로 풀어 불교문학으로 끌어들였고 마침내 시로서 소화하고 승화시켜 서정적인 노래로 만든 것은 예사의 노력으로서는 불가능한 것이 아닌가 생각한다.

아름다움을 더 아름답게 더 빛나게 개척한 그 실험정신과 새로운 시어의 창작에 격려를 보냈다. ?

그리고 김용수 시인은 서정적이면서도 과감한 시어의 창출. 깊은 통찰력, 틀에 억매이지 않는 산문적 시의 구성, 그러면서도 한편의 노래가 되어 독자의 영혼에 깊은 감동을 주는 내재적인 율격, 서정적인 시구상을 하면서도 서사시적인 웅장함과 스토리가 들어 있어 앞으로 한국의 시단에 청량한 바람을 불어 줄 재능 있는 시인으로 기대된다.

이 책의 출간으로 김용수 시인이 더 한층 성숙된 시인이 되기를 기대하면서 아름다운 바다를 품고 독수리 춤추는 세상을 만드는 신나는 상상을 해 봅니다.

이 책을 내기까지 저에게 詩才를 불어 주신 부모님과 두 분 형님, 동생들, 詩的 영감을 일깨워주고 상상력을 증폭시켜 주었을 뿐만 아니라 부족한 부분을 채워 주고 잔소리 수준의 감수까지 해준 아내에게 깊은 감사를 드립니다.

그리고 습작기간이 어두운 골방에서의 외로운 작업이었다면 登壇이라는 밝은 세상으로 이끌어 주시고 추천의 글을 써 주신 김기원 교수님과 바쁜 중에도 원고정리를 해 준 강갑주군, 저의 옅은 글을 좋게 봐주시어 일봉문학대상이라는 큰상을 주시고, 친히 축하휘호 까지 써 주신 의령 일붕사의 혜운스님과 제 인생의 맨토와 같은 역할을 해 주시는 김동영 법무사님에게도 이 글을 빌어 감사드립니다.

특히 서예가로서 친구인 菊丁 朴元濟 선생에게는 평생 잊지 못할 큰 고마움을 입었습니다.

당초 저는 菊丁에게 책의 題號정도를 부탁하였는데 菊丁은 흔쾌히 승낙하였을 뿐만 아니라 친구가 시집을 출간하는데 그 보다 더 좋은 일이 어디 있느냐고 하면서 시 한 수에 묵화 한 점을 그려 주는 열성을 보여주었고, 덕분에 학교선생님인 菊丁은 방학기간 내내 휴가는 고사하고 외출다운 외출한번 못해 보고 그의 서실에서 두문불출 주먹밥 한 덩이로 끼니를 때우면서 좋은 작품을 만들어 준 菊丁선생에게 최고의 찬사를 보내드립니다.

하루꼬의 바나나

서예가 국정 박원제 프로필

菊丁 朴元濟
경남진주서예협회회장역임
(현) 경남서예협회회장
(현) 한국서예정예작가협회부회장
(현) 한국서예협회감사

한글서예대축제전(서울 예술의 전당), 몽골한국서예초대전 등 국내외적으로 40여회에 걸쳐 개인전, 단체전을 개최한 작가로 오늘의 한국 서예계를 대표하는 자타가 공인하는 중진 서예가임